rororo

Donald Antrim, Jahrgang 1958, lebt in Brooklyn und gilt als «einer der 20 Schriftsteller des 21. Jahrhunderts» (The New Yorker). Auf Deutsch sind von ihm bereits zwei Romane erschienen: «Die Beschießung des Botanischen Gartens» und «Ein Ego kommt selten allein», mit dem er Finalist des PEN/Faulkner Award war.

«Donald Antrims Buch, mit seiner bitteren Komik, seiner Intelligenz und seinem glasklaren, sezierenden Blick auf die Menschen und vor allem sich selbst, bewahrt das Leben eines nahen, eines geliebten und gehassten Menschen in der Erzählung. Das ist ... das Höchste, was Literatur erreichen kann. Ein tiefernstes, schonungsloses und berührendes Werk.» (FAZ)

«Antrims ‹Mutter› ist ein heiteres Buch, doch seine Intensität kommt aus Bitterkeit und tiefem Schmerz.» (Der Spiegel)

Donald Antrim

MUttER

Kein Roman

Deutsch von Nikolaus Stingl

Rowohlt Taschenbuch Verlag

Veröffentlicht im Rowohlt Taschenbuch Verlag,

Reinbek bei Hamburg, Februar 2008

Die Originalausgabe erschien 2006 unter dem Titel

«The Afterlife» bei Farrar, Straus and Giroux, New York

Umschlaggestaltung any.way, Cathrin Günther

(Foto: Getty Images)

Satz Dörlemann Satz GmbH, Lemförde

Druck und Bindung Clausen & Bosse, Leck

Printed in Germany

ISBN 978 3 499 23797 3

FÜR MEINE MUttER

TEIL 1

Meine Mutter Louanne Antrim starb an einem schönen Sonntagmorgen im Monat August des Jahres 2000. Sie lag zwischen neuen violetten Laken in einem Bett, wie es in Krankenhäusern verwendet wird, neben die grünen Sauerstoffflaschen an die Wand des Raums gerollt, der mehr oder weniger das Wohnzimmer ihres merkwürdig eingerichteten, dunklen und beklemmenden Hauses bildete, am unteren Teil eines Fahrwegs, der sich wie eine Furche an einer schlammigen Baustelle und an von Maschendraht begrenzten Hintergärten vorbeiwand und auf dem Parkplatz neben dem trostlosen Ententeich in der Mitte der kleinen Stadt endete, in der sie die letzten fünf Jahre ihres Lebens gewohnt hatte: Black Mountain, North Carolina. Anlass für den Umzug meiner Mutter von Florida nach North Carolina war der Tod ihres Vaters Don Self gewesen, der 1995 an einem Herzinfarkt gestorben war. Don Selfs Witwe Roxanne, die Mutter meiner Mutter, begann damals gerade in Senilität zu verfallen und war jedenfalls außerstande, das kleine Erbe zu verwalten, das mein Großvater ihr hinterlassen hatte. Das soll heißen, dass meine Großmutter, die während der Wirtschaftskrise den Kinderschuhen entwachsen war und in dieser Zeit so gut wie keinen Begriff von Geld gewonnen hatte, der über die Vorstellung hinausgegangen wäre, dass man seinen Kindern tunlichst nicht zu viel davon gibt, höchstwahrscheinlich nicht die Tradition ihres Mannes fortsetzen und größere monatliche Beträge auf das Konto meiner Mutter überweisen würde. Don Self hatte seine Tochter lange Zeit über Wasser gehalten – nämlich seit sie vor dreizehn Jahren trocken geworden und zu dem Schluss gekommen war, sie sei eine Künstlerin und Visionärin, ihrer Zeit weit voraus –, und jetzt plötzlich oblag es meiner Mutter, sich zur gesetzlichen Vertreterin ihrer Mutter ernennen zu lassen und die Kontrolle über das Vermögen zu übernehmen, ein Coup, den sie von Miami aus hätte bewerkstelligen können, jedoch leichter mit Hilfe einer Methode zustande brachte, die man in Spionagekreisen als Closework bezeichnet.

Vier Jahre später starb Roxanne Self. Die Trauerfeier fand im September 1999 in der Black Mountain Presbyterian Church statt. Eine Woche später kam meine Mutter – nur Tage nachdem ich sie, und das mehr als einmal, hatte verkünden hören: «Jetzt wo ich von dieser Frau *befreit* bin, gehe ich irgendwohin, wo *ich* hinwill, und lebe mein eigenes Leben» – mit einer Lungenentzündung ins Krankenhaus und erfuhr, dass sie ebenfalls nicht mehr lange zu leben hatte.

Sie war fünfundsechzig und hatte seit Jahr und Tag gehustet und gehustet. Über ihre Raucherei war nicht mit ihr zu reden gewesen. Dass sie Krebs hatte, kam nicht überraschend. Er hatte sich in ihren Bronchien entwickelt und war inoperabel. Bestrahlungen wurden als Linderungsmittel in Aussicht gestellt – sie könnten (und taten das auch für kurze Zeit) den Tumor so weit zum Schrumpfen bringen, dass wieder Luft in die blockierte Lunge gelangte –, aber meine Mutter galt nicht als Kandidatin für eine Chemotherapie. Sie hatte vierzig Jahre lang Raubbau betrieben, wie man so sagt, und war dabei zunehmend und unbarmherzig verfallen. Die Geschichte des lebenslangen Verfalls meiner Mutter ist in gewisser Weise die Geschichte ihres Lebens. Die Geschichte meines Lebens ist eng verknüpft mit dieser Geschichte, dieser Geschichte ihres Verfalls. Sie bestimmt von jeher maßgeblich die Art und Weise, wie ich mich und andere in der Welt wahrnehme. Sie – oder vielmehr meine Rolle darin – sorgt dafür, dass ich meine Mutter niemals verliere.

Dies im Kopf – die Geschichte von meiner Mutter und mir, von meiner Mutter *in* mir –, möchte ich versuchen, eine andere Geschichte zu erzählen; sie handelt davon, wie ich in den Wochen und Monaten nach ihrem Tod ein Bett zu kaufen versuchte.

Oder besser gesagt, ein Bett zu behalten versuchte. Ich kaufte mehrere. Das erste war ein riesiges Stearns-&-Foster-Monstrum von Bloomingdale, Ecke Forty-nine Street und Lexington Avenue. Meine damalige Freundin R.

kam mit in das Kaufhaus, wir lagen gemeinsam Probe und verglichen. Shifman? Sealy? Stearns & Foster? Weich? Hart? Matratzenauflage? Ich sah zu, wie R. über eine Matratze krabbelte; den Hintern in die Luft gestreckt, federte sie auf und ab, und ich ertappte mich bei wahnhaften Gedanken über mich und die Beziehung zu meiner Mutter, die eine Woche zuvor gestorben war: Endlich bin ich von dieser Frau *befreit*! Jetzt kaufe ich mir ein tolles Bett, vögle anständig und lebe *mein* Leben.

Zweitausend Dollar.

Für dreitausend Dollar hätte ich ein noch riesigeres Stearns & Foster (und demzufolge ein noch riesigeres Maß an Komfort mit entsprechend erholsamerem Schlaf, mehr Zufriedenheit in der Liebesbeziehung und einem insgesamt glücklicheren, produktiveren Leben) oder ein Shifman von nahezu Spitzenqualität bekommen. Die Shifmans bestachen durch die in der Werbung der Firma hervorgehobenen traditionellen (anachronistischen?) handwerklichen Details wie etwa die acht handgefertigten Federkerne und die Bevorzugung von Naturfasern (gepresste Baumwolle und Wolle) gegenüber synthetischen Schäumen.

«Was meinst du, Schatz? Gefällt dir das mit der Matratzenauflage?»

«Das Große da drüben?»

«Ja.»

«Das ist toll.»

«Wie lange hält so ein Ding eigentlich? Hat der Typ das gesagt?»

«Donald, nimm das Bett, bei dem du das beste Gefühl hast. Später kannst du dir immer noch andere Betten kaufen.»

«Später? Wieso später? Später im Leben?»

«Wenn du ein Bett kaufst, und es gefällt dir nicht, kannst du es zurückschicken. Schau. Du hast dreißig Tage Frist. Die Leute schicken andauernd Betten zurück. Dafür sind Kaufhäuser da.»

«Stimmt.»

«Donald, du solltest dich freuen. Du kaufst dir ein tolles Bett. Du verdienst es! Wir sollten feiern.»

«Ja.»

«Geht's dir gut?»

«Was?»

«Willst du sie nochmal ausprobieren?»

Und genau das taten wir – und in zunehmendem Maße *ich* allein – denn auch. Anfang September 2000 kaufte ich mit meiner Kreditkarte Bett Nr. 1, fuhr nach Hause, rief das Kaufhaus an, stornierte den Kauf, fuhr dann, Ende September, wieder hin, entschied mich für ein höherwertiges und teureres Bett (das mit der Matratzenauflage), stornierte auch diesen Kauf und begab mich im Folgenden, so erscheint es rückblickend, auf eine Art Pilgerfahrt, um nicht zu sagen Gralssuche durch zahlreiche Geschäfte, wo ich mich hin- und herwarf und mit Fachverkäufern und, wann immer möglich, Freunden, die mich geduldig begleiteten – meinem Laienpublikum –, sich immerzu wiederholende, zwanghafte Gespräche über Betten führte. Drei Monate vergingen, und in dieser Zeit erfuhr ich mehr, als ich je für möglich gehalten hatte, über Matratzen und über die Matratzenindustrie im Allgemeinen – nicht nur, wie und wo die Betten hergestellt, sondern auch, wie sie vermarktet und verkauft werden und an wen –, und dabei erfuhr ich auch eine Menge über andere Dinge als Betten im engeren Sinne. Ich spreche von Steppdecken, Kissen und Laken.

An dieser Stelle sollte ich vielleicht erwähnen, dass ich mich in dieser Zeit, die durch ein zwanghaftes Konsumverhalten gekennzeichnet, womöglich gar definiert war, sehr stark als Muttermörder empfand. Ich hatte das deutliche und zugleich schwer dingfest zu machende Gefühl, dass ich beim Tod meiner Mutter die Hand im Spiel gehabt hatte. Und so wurde die Suche nach einem Bett zur Suche nach einer Zuflucht, das heißt, die Suche nach einem Bett wurde zur Suche nach einem Ort; und mit *Ort* meine ich natürlich *Raum*, die Art von ungefährem, unbestimmtem Raum, von dem man etwa spricht, wenn man zu jemandem sagt: «Ich brauche ein bisschen Raum»; und dass Raum in diesem Kontext normalerweise aus Gefühlen besteht, hielt mich nicht davon ab, mir vorzustellen, der *Raum* – den ich mir wider alle Vernunft als konkreten Ort, nämlich als mein Schlafzimmer dachte – ließe sich auf ziemlich perfekte Weise mit einem extragroßen Bett füllen, bezogen mit grauweiß gestreifter, maskulin wirkender Bettwäsche, dazu vielleicht als passend feminine Note ein mit gekräuseltem Stoff bespannter Bettkasten. Und ich stellte mir vor – ein logischer Gedanke angesichts meines Kummers über den

Tod meiner Mutter und über meine Beteiligung nicht nur am Eintritt ihres Todes an jenem Augustmorgen, sondern auch, als Kind und als erwachsener Mann, am größeren Narrativ ihrer lebenslangen Selbstzerstörung und deren Hauptsymptom und Hauptvermächtnis, dem Zorn –, ich stellte mir vor oder bildete mir ein, ich käme, wäre ich in dem mit dem Bett gefüllten Raum nur erst behaglich geborgen, läge allein oder mit R. auf Kissenstapeln, wie man sie von Fotos in Einrichtungszeitschriften kennt, vielleicht dahinter, wer ich sein und wie ich ohne meine Mutter weiterleben würde, eine Frau, die in einem tristen Haus in einem unbequemen Bett gestorben war.

Dagegen war kaum etwas zu machen. In den letzten Jahren ihres Lebens hatte meine Mutter eine massive Paranoia entwickelt. Sie kultivierte oder wurde das Opfer von Wahnvorstellungen, in denen sie sich mit Gestalten aus Mythologie und Religion, darunter die Jungfrau Maria, unterhielt. Als gelernte Schneiderin und Kostümbildnerin fertigte sie bizarre, solide gemachte Kleidungsstücke, die – und so waren sie auch gedacht – Gewändern für spirituelle Zeremonien glichen, deren Sinn unklar blieb. Alles an diesen Kleidungsstücken – die an die Rückenpasse angesetzten, flügelartigen Verzierungen, die kleinen Kugeln und Totemgegenstände, die an Ärmeln oder Aufschlägen hingen, die sich beißenden Farbpaletten aus Stoffstücken, die übereinander genäht waren wie Elemente einer seltsamen Collage – sprach einen Symbolismus an, der zutiefst privat war. Öffentlich getragen, sorgten diese Roben und Kleider unter Menschen, die es gewohnt waren, in der Gesellschaft zu funktionieren, zuverlässig für Unbehagen. Wenn meine Mutter zu einem Konzert in Asheville oder zu einer Museumseröffnung eine dunkelviolette Jacke mit clownskostümgroßen Knöpfen trug, die vorn und an den Seiten mit kreuz und quer verlaufenden Streifen aus Thaiseide in tropischen Pastelltönen verziert war, eine Jacke, die auf dem Rücken ein riesiges weißes Medaillon mit einem oberen Abschluss aus Goldbrokat zierte, dergestalt gerafft und gekräuselt, dass er einer blumenartigen Kuchendekoration glich, und dazu einen Mantel, der einen Besatz aus noch mehr bunten Seidenstreifen aufwies, die, abgebunden und mit Troddeln behängt, in unterschiedlicher Länge über den Saum herabfielen, so trat sie nicht einfach als Freigeist auf, der sein Ding durchzog; nein, sie lehnte das Patriarchat ab und erklärte sich zur Künstlerin.

Ihre Fähigkeit, Leute zu vergraulen, war phänomenal. Ihr Verhalten war von Gehässigkeit geprägt, und in den kurzlebigen Beziehungen mit den gleichermaßen Gebeutelten, die ihre Freunde wurden, stiftete sie ständig Unfrieden. Ihr Lachen war harsch, manchmal sogar Angst einflößend. Sie kaute mit offenem Mund, sodass sie sich oft bekleckerte. Zuweilen sah ihr Haar so aus, als hätte sie es selbst geschnitten, und zwar im Dunkeln. Man war entweder für sie oder gegen sie. Sie glaubte, dass ihr Vater nicht ihr wirklicher Vater war; dass ihre Mutter versucht hatte, sie als Kind in einem Teich zu ertränken; dass der sie behandelnde Pulmologe Sex mit ihr wollte; dass sie nach ihrem Tod von C. G. Jung, der Jungfrau Maria und Merlin dem Zauberer in Empfang genommen würde; dass sie ihre Arbeit auf Erden getan hatte und dass ihre Arbeit gut war; dass sie zu denen gehörte, die ausersehen waren, von der kommenden neuen Ordnung der schönen Menschen zu künden; dass sie in einem früheren Leben als römischer Galeerensklave, an die Ruder gekettet, ertrunken war; dass Männer Arschlöcher und dass ihre Kinder ihr feindlich gesinnt waren; dass die Raucherei ihre Sache war und andere einen Dreck anging; dass ihr Sohn ein Künstler war, genau wie sie; dass sie und ich zusammen eine Therapie machen sollten.

Sie war für alle, die ihr nahe standen – zumal für diejenigen, die auf ihre Zurechnungsfähigkeit angewiesen waren –, ein bedrohlicher Mensch. Genau genommen verbrachte sie einen Großteil ihres Erwachsenenlebens in einem Blackout-Zustand, wobei sie in den meisten Nächten drei Stunden oder weniger traumlos «schlief». Der Verlust der Tiefschlafphase muss verheerende Auswirkungen auf ihren Körper und ihren Geist gehabt haben. Sie bekam Schreianfälle, die bis in die frühen Morgenstunden andauerten. Ein paarmal, so erinnere ich mich, fand ich sie frühmorgens vor der Dämmerung auf dem Boden im Wohnzimmer liegen.

Vielleicht hatte ihre Mutter ja tatsächlich versucht, sie in einem Teich zu ertränken. Vielleicht war die Wahrheit wirklich so schlimm oder noch schlimmer. Vielleicht wurde meine Mutter quasi stellvertretend Opfer des Münchhausensyndroms, einer pervertierten Form von Fürsorge, bei der ein Kind unnötigen medizinischen Behandlungen, sogar Operationen, unterzogen wird. Sowohl ihre Ärzte in North Carolina als auch Mitglieder unserer Familie hatten den Verdacht, dass die Mutter meiner Mutter merkwürdig oft mit ihrem einzigen Kind zum Arzt gegangen war. Dazu kann ich mich nicht weiter äußern; ich war nicht dabei. Und dennoch kann ich mir meine Großmutter Roxanne vorstellen, wie sie, so etwa Ende der vierziger Jahre des vorigen Jahrhunderts, meine Mutter an der Hand die weißen Korridore irgendeines Landkrankenhauses entlangführt oder mit ihr im Wartezimmer eines Arztes in Florida sitzt. Ich erinnere mich, dass meine Mutter, als ich jung war, Geschichten von Operationen erzählte. Was diese Operationen bezweckten, bleibt rätselhaft. Eine, meine ich, hatte mit der Entfernung einer Rippe zu tun. Und dann gab es noch die berühmte Geschichte, in der meine Mutter «aufwachte», als die Ärzte gerade ihren Exitus in tabula verkündeten. Als ich auf die Welt kam, war Roxanne zur radikalen Ernährungswissenschaftlerin geworden, darauf bedacht, Kost und Stimmungen ihrer Familie zu kontrollieren; sie verteilte Vitamine und Ratschläge an Krebspatienten, die über Mundpropaganda von ihr erfuhren; sie verordnete Nahrungsmittel, deren Wirksamkeit später von der Gesundheitsindustrie bestätigt wurde. Ich glaube, sie sah sich als Volksheldin. Man kann sich den Todestrip meiner Mutter vorstellen als internalisierten, masochistisch gewendeten Akt des Hasses gegen ihre eigene Mutter, die sich der Gesundheit bediente, um alle Menschen in ihrer Umgebung zu unterdrücken, und gegen ihren Vater, der in ihrer Kindheit in jeder nur denkbaren Situation außerstande gewesen war, sich einzugestehen, wie es um seine Tochter stand, oder als ihr Fürsprecher zu fungieren.

In jungen Jahren war meine Mutter beliebt und eine Schönheit gewesen. Ihre Kindheit verbrachte sie in Tennessee, und als Teenager lebte sie in Sarasota, Florida, wo sie auch meinen Vater kennen lernte. Zusammen bildeten meine Eltern, soweit ich das ihren Jahrbüchern entnehmen kann, eines jener erfolgreichen, allseits beneideten Highschool-Paare. Ein Freund von ihnen, ein Mann, der auf dem College in meine Mutter verliebt war und sich nie entliebt hatte, schilderte sie mir in Worten, aus denen hervorging, wie stark ihre erotische Ausstrahlung und ihre Persönlichkeit in jenen Tagen waren. Weil sie keine Geschwister hatte, habe ich keine Tanten oder Onkel mütterlicherseits, die genaue Erinnerungen an sie als kleines Mädchen liefern könnten. Und an Aussagen des früheren Freundeskreises meiner Eltern über spätere Jahre – nachdem sie von zu Hause weggegangen war, meinen Vater geheiratet, ihre Kinder bekommen und sich als Ehefrau und Mutter in einer Studentenwohnung eingerichtet hatte – ist ebenso schwer heranzukommen wie an meine eigenen Erinnerungen, Erinnerungen von der Art, die sich zu einem schlüssigen – ja was eigentlich? – Bild? Eindruck? Narrativ? zusammenfügen könnten. Ich war vier, fünf, sechs Jahre alt. Meine Schwester Terry war drei, vier, fünf. Es war Anfang der sechziger Jahre, die letzten Jahre – so stelle ich es mir heute vor, fast vierzig Jahre nachdem sich mein Vater in eine andere Frau verliebte und unsere Familie sich aufzulösen begann – des Südstaaten-Intellektualismus im Stile der Agrarians, als die frisch verheirateten episkopalischen Kinder von Presbyterianern *Finnegans Wake* lasen, in Promotionsprogramme flüchteten, Bourbon, Martinis und Bier aus dem Sonderangebot tranken, die ganze Nacht aufblieben, sich stritten, Affären hatten und hinter die Affären kamen und dann *ihre* Kinder auf den Rücksitz von VW Käfern verfrachteten und nachts die Küste rauf- oder runterfuhren. Bis auf den heutigen Tag sehe ich mich außerstande, die Wanderungsbewegungen und Umzüge, Treubrüche und Versöhnungen, Wiedervereinigungen, Trennungen, erneuten Umzüge und Krankenhausaufenthalte meiner Eltern verlässlich zu dokumentieren. Es genügt wohl, wenn ich sage, dass es unzählige verrückte Geschichten gibt, von denen ich viele schon viel zu oft als Eröffnungen bei Dates verwendet habe.

Aber was war nun mit dem Bett? Im Dezember ließ ich mir das Bett mit der Matratzenauflage liefern. Die Leute von Bloomingdale trugen es die Treppe hinauf, und ich versah es mit der Bettwäsche und den Kissen, die ich für diesen Anlass besorgt hatte. Im Vergleich mit dem Futon, auf dem ich bislang geschlafen hatte, wirkte das Bett gigantisch. Es *war* gigantisch; nicht nur breit, sondern auch hoch, sodass es einen regelrecht erschlug. Was es an Phallischem implizierte, trat in meinen Einladungen an R. zutage, «herüberzukommen und es sich anzusehen». Damit hätte es gut sein müssen, mit ein paar viel versprechenden Tollereien mit R. und der allmählichen Akzeptanz einer neuen Ordnung in meinem Zuhause. Aber dazu hätte ich ein anderer Mensch sein müssen und zeitlich viel weiter vom Tod meiner Mutter entfernt. Außerdem hätte ich niemals von Dux hören dürfen.

Dux ist eine jener Firmen, die esoterische, teure Produkte herstellen, auf wissenschaftlicher Basis entwickelt, um das Leben des Käufers tief greifend zu verändern. Wenn man ein Dux-Bett kauft, findet man Aufnahme in einer Gemeinschaft von Menschen, die Dux-Betten gekauft haben und von ihnen überzeugt sind. Ein Dux-Bett mutet zunächst sonderbar weich an; wenn man eine Zeit lang auf einem liegen bleibt, erlebt man sich womöglich auf eine Weise als «entspannt», die geradezu beunruhigend sein kann. Anfangs hat man den Eindruck, man lasse sich auf einem gut ausbalancierten Wasserbett nieder – bei einem Dux steigt man regelrecht *ins* Bett. Die Firma verheißt eine Vielzahl gesundheitlicher Vorteile: Einige haben mit der Haltung, andere mit einer verlängerten Tiefschlafphase, und alle haben sie mit Naturlatex und der Myriade von Federn zu tun, die in der Dux-Literatur als «System» bezeichnet wird und es ermöglicht, dass das Bett sich sanft der Körperform anpasst und damit Druckpunkte reduziert, sodass der Schlafende im Lauf der Nacht weniger oft seine Position verändert oder sich sonst wie bewegt, um es bequem zu haben. «Haben Sie ein Dux?», habe ich Kenner fragen hören. Auf Dux-Betten bekommt man eine zwanzigjährige Garantie. Ich meine mich an den Werbeslogan «Das letzte Bett, das Sie je kaufen werden» zu erinnern. Die Betten werden in Schweden hergestellt, in Klassik-Radiosendern beworben, in firmeneigenen Läden verkauft, die wie Kurhäuser anmuten, und sie sind nie, niemals im Angebot.

Ich weiß nicht, wie oft ich Anfang des Winters in dem Jahr, in dem meine Mutter starb, ins Duxiana in der East Fifty-eighth Street (praktischerweise gleich neben Bloomingdale) marschierte – in der Regel allein, jedoch wenn möglich mit R. oder einem der oben erwähnten Freunde –, mir die Schuhe auszog und von Bett zu Bett hüpfte, immer wieder die Prospekte las und Pamela, die Geschäftsführerin, mit allen möglichen Fragen über dieses Modell im Gegensatz zu jenem löcherte. Ich klopfte die Daunenkissen zurecht. Ich legte mich hinein. Ich drehte mich auf die Seite. Ich drehte mich auf die andere Seite. Wunderbar. Man konnte zwischen Mahagoni- oder Metallbeinen wählen, die das Bett stark anhoben, oder man konnte es nach Art eleganter Betten in europäischen Hotels flach am Boden belassen. Man konnte die Laken so einschlagen oder so drapieren. Oberschicht aus Baumwolle? Oder Latex? An liegend verbrachten Nachmittagen im Dux-Geschäft begann ich zu spüren, dass alle Entscheidungen, die ich von jetzt an treffen mochte, sich ganz natürlich aus dem Kauf eines Bettes ergeben könnten. Zwar hatte ich mein neues Bett (mit Rückgaberecht) schon im Schlafzimmer stehen, aber ich mochte es nicht sonderlich. Ich brachte nicht genügend *Verlangen* auf, das Bett zu mögen. Gewiss, es war groß, aber in jeder anderen Hinsicht fand ich es langweilig und enttäuschend, weil es meine Beziehung zu R. nicht rettete. Es sorgte nicht dafür, dass ich mich in meiner Wohnung wie zu Hause fühlte. Es schrieb nicht mein Buch. Und was das Schlimmste war – dieser Mangel schmerzte am meisten –, es erlaubte mir nicht, meine Suche nach einem Bett unbegrenzt fortzusetzen.

Wie sehr wollte ich ein Dux? Ich wollte es genau in dem Maße und mit der Intensität, die dem Produkt angemessen war.

Ich wollte es so sehr, dass ich mir eins kaufen wollte.

So kam es, dass ein Romanautor mit den für schöne Literatur üblichen Verkaufszahlen und einem Talent für Gewissensbisse knapp siebentausend Dollar für eine Matratze hinblätterte.

Jedenfalls fast.

In dem Jahr, das dem Tod meiner Mutter vorausging, einem Jahr, das gekennzeichnet war von den Stimmungsschwankungen, wie sie bei Fällen von fortgeschrittenem Krebs mit der üblichen Entwicklung zum letztlichen Versagen therapeutischer Eingriffe einhergehen – dem gezeitenhaften, mit jeder Neuigkeit, jedem strapaziösen Gespräch mit Mom oder ihren Ärzten fast manischen Steigen und Fallen von Hoffnung und Niedergeschlagenheit, Hoffnung und Niedergeschlagenheit, Hoffnung und neuer Hoffnung und noch mehr Hoffnung, gefolgt von wahnsinniger Euphorie und noch tieferer Verzweiflung und dem unheimlichen, impulsiven Zorn, der sich praktisch jederzeit gegen jeden richten kann, dem Kontinuum aus Angst und Launenhaftigkeit, das in der einen oder anderen Form so gut wie jedem vertraut ist, der miterlebt hat, wie es einem Elternteil oder einem Kind, einem Ehemann oder einer Ehefrau, einem Liebsten oder einer Freundin ein bisschen besser, dann ein bisschen schlechter, dann wieder ein bisschen besser geht und wie der Betreffende gewissermaßen nach Programm stirbt –, in diesem Jahr hörte ich mehr oder weniger auf, zu arbeiten, und auch, mir Bewegung zu machen. Ich las weniger, ging weniger oft mit Freunden essen, schlief weniger oft mit meiner Freundin. Ich bin Radfahrer und drehe seit Jahren regelmäßig Trainingsrunden durch den Park in der Nähe meiner Wohnung. Mein Körper hat sich an diese geregelte Lebensweise gewöhnt, die mir sehr viele physische Informationen liefert, Informationen in Form von Empfindungen, Empfindungen, die sich mit dem tiefen Ein- und Ausatmen ergeben, wenn ich die Straße entlanggehe oder mich beim Radfahren auf die Pedale stelle, um eine Steigung hinaufzukommen; oder in der eventuellen Feststellung einer Gewichtszunahme oder eines Gewichtsverlusts; oder in der Erregung, die ich verspüre, wenn ich einen anderen Menschen berühre oder selbst berührt werde; Informationen, so könnte man sagen, in Form der Wahrnehmung *meiner selbst* im Raum. Nach und nach blieben diese Informationen aus. In der dumpfen Abwesenheit meiner selbst tat ich, was meine

Mutter ihr Leben lang getan hatte. Ich saß nächtelang in meiner Küche und qualmte.

Die Wahrheit, heißt es oft, mache einen frei. Aber was passiert, wenn sich die Wahrheit nicht in einem einzigen simplen, brutalen Satz zusammenfassen lässt? Ich konnte mir ein Leben ohne meine Mutter nicht vorstellen. Es stimmte aber auch, dass ich mich nur ohne sie imstande fühlen würde zu leben. Ich hatte genug von Louanne Antrim und war so weit, dass ich ohne sie auskam. Ich wollte, dass sie starb, und wusste, dass ich sie in ihrem Sterbejahr vernachlässigen würde.

Und das tat ich dann auch. Zumindest in dieser Hinsicht kann ich behaupten, dass ich ihr – *uns* – treu war. Ich war schließlich ihr Mann. Es war meine spezifische und unerfüllbare Aufgabe gewesen, genauso wie und zugleich ganz anders als alle anderen Männer zu sein – genauer gesagt, genauso wie und ganz anders als ihr Vater und ihr auf Abwege geratener, exkommunizierter Exehemann, mein Vater. Was bedeutet das? Ich weiß nicht genau, ob ich es klar benennen kann. Ich durfte sie nie wegen irgendeiner anderen Frau verlassen. Ich durfte sie nie belügen oder täuschen. Als ich zu schreiben und Romane zu veröffentlichen begann, galt es für meine Mutter – und daher unwissentlich auch für mich – als ausgemacht, dass ich in allem, was man als meine künstlerischen Leistungen bezeichnen könnte, ihre kreative Kraft, ihre Begabungen an den Tag legte.

«Ich komme dich bald besuchen und bleibe ein paar Tage, Mom.»

«Du musst nicht.»

«Ich will aber.»

«Ich rechne nicht mit dir.»

«Ich komme aber.»

«Aber nur, wenn du auch willst.»

«Mom.»

«Warte nicht zu lange damit. Ich werde bald sterben.»

«Woher weißt du das?»

«Dr. McCarrick versucht, mich umzubringen.»

«Wie bitte?»

«Er lässt sich am Telefon verleugnen.»

«Er ist Arzt.»

«Was soll denn das heißen?»

«Nichts. Bloß ein Scherz. So was Ähnliches jedenfalls. Er hat eben viel zu tun. Ärzte haben viel zu tun. Egal.»

«Alle sind gegen mich. Du bist auch gegen mich.»

«Mom, er versucht nicht, dich umzubringen. Kein Mensch versucht dich umzubringen. Kein Mensch will dich umbringen.»

Ich verschob den Besuch. Ich verschob ihn. In der Nachbarwohnung fing ein Hund an zu bellen, und eine Zeit lang verlor ich den Verstand. Dann hörte der Hund zu bellen auf, ein Jahr war vergangen, und meine Schwester und ich buchten von verschiedenen Enden des Landes aus einen Flug, um am Bett meiner Mutter in dem kleinen Haus am Fuß des Hügels zu stehen, der zu dem Parkplatz neben dem Stadtteich abfällt. Wir, meine Schwester und ich, hatten es uns zur Gewohnheit gemacht, nach Charlotte zu fliegen, uns am Schalter der

Autovermietung am Flughafen zu treffen, den Wagen zu übernehmen, zum Essen bei Bridges in Shelby, North Carolina, zu halten und dann Richtung Westen über die Berge, vorbei an Chimney Rock, hinauf in die Gegend von Old Fort und hinunter nach Black Mountain zu fahren. Die Fahrt dauerte drei Stunden. Wir hätten auch nach Asheville fliegen können, das dreißig Minuten vom Haus unserer Mutter entfernt lag, aber Terry und ich machten diesen Umweg, denke ich, um Zeit dafür zu gewinnen, uns auf die schwere Prüfung vorzubereiten, Louannes Kinder in Louannes Haus zu sein – in diesem Fall zum letzten Mal. An jenem Tag brachten wir es fertig, gleichzeitig in Eile zu sein und zu trödeln. Terry erzählte von ihren Kindern und von einer Nachbarin, die wie unsere Mutter im Endstadium einer unheilbaren Krankheit jegliche Nahrungsaufnahme verweigert hatte. Es war spät an einem Nachmittag im Spätsommer. Nie waren mir die Farmen und verwitterten Kirchen an der zweispurigen Landstraße so einsam und so schön, so einladend erschienen wie an jenem Nachmittag. Das war das Land unseres Großvaters; es war das Land seines Vaters und seines Vatersvaters; es war das Land unserer Mutter und für diese kurze Zeitspanne – beim Blick aus dem Wagenfenster auf die unterwegs sich bietenden Sehenswürdigkeiten, den von Touristen überlaufenen Lake Lure und den felsigen Bach, der das Gefälle in gemächlichen Kaskaden abseits der Straße überwindet; die desolaten Häuser zwischen unregelmäßigen, mit Mais und Bohnen bepflanzten Feldern; den Kudzu, der jedes

Jahr mehr und mehr vom Süden verschlingt, Wälder wie Felder – war es auch unser Land. Ich weiß noch, wie ich dachte, dass es nach ihrem Tod niemanden mehr geben würde, der mich an diesen Teil der Welt band, und ich fragte mich, was mich künftig noch veranlassen könnte, hierher zurückzukehren.

Beim Haus angelangt, fanden wir unsere Mutter in dem Krankenhausbett im Wohnzimmer. Neben dem Bett stand der riesige Holztisch, auf dem sie Stoffe abgemessen und zugeschnitten hatte. In einer Ecke lehnten Ballen von Seide. Auf Bücherregalen standen Paperbacks über C. G. Jung und Heilkräfte. Die Tagschwester ließ Terry und mich allein. Unsere Mutter bewegte sich auf den Tod zu. Anfang des Sommers hatte sie uns mitgeteilt, dass sie in nicht allzu langer Zeit, wahrscheinlich noch vor ihrem Geburtstag im September, «die Dinge selbst in die Hand nehmen» würde, wie sie sich ausgedrückt hatte, aber wann genau, hatte sie uns nicht gesagt; es gab gewisse astrologische Erwägungen, die es zu berücksichtigen galt, und sie wartete auf den richtigen Moment. Nun war der Moment gekommen. Beim Blick in ihr ausgemergeltes Gesicht im Abendlicht stellte ich etwas fest, was Terry im Gegensatz zu mir schon gewusst hatte, nämlich dass unsere Mutter Gebissträgerin war. Das Gebiss war herausgenommen worden. Ihr Mund war eingesunken. Sie gab Laute und Geräusche von sich, die nicht als Sätze oder auch nur Worte zu deuten waren. Morphium, vorher von den Leuten vom Hospiz vorbeigebracht, wartete in einem versiegelten Fläschchen in der Küche. Niemand, nicht einmal die Schwester, schien genau zu wissen, wann man damit beginnen sollte, es ihr zu verabreichen. Also warteten auch wir wie das Morphium in dem Fläschchen in der Küche, und am nächsten Tag «erwachte» meine Mutter – wie es die Sterbenden zuweilen für kurze Zeit tun – und sprach relativ verständlich, wenn auch zusammenhanglos, von der Vergangenheit. Sie beschwor Namen von Menschen aus Charlottesville, Kingsport und Miami, aus Knoxville und Gainesville, Johnson City, Sarasota und Tallahassee herauf. Wir befühlten ihre Füße; sie waren warm. Meine Schwester wusch meine Mutter mit einem Schwamm und zog sie um, wir schüttelten ihre Kopfkissen auf, die Schwester setzte ihr das Gebiss ein, und meine Mutter fragte uns mit ihrer brüchigen Stimme, ob es uns etwas ausmache, ihr bitte einen Martini zu bringen.

In der Rolle des Vormundes, des mit Macht Ausgestatteten, fragte ich sie, ob sie das für eine gute Idee halte, und sie antwortete vollkommen vernünftig: «Was kann denn das jetzt noch schaden?»

Wären Gin und Wermut im Haus gewesen, hätte ich ihr mit Sicherheit einen Cocktail gemixt. Vielleicht aber auch nicht. Habe ich ihr einen Schluck Bier angeboten? Ich weiß es nicht mehr. Nahm sie noch immer Sauerstoff? Auch das weiß ich nicht mehr. Überall waren grüne Sauerstoffflaschen und Plastikschläuche. Die Teilzeitschwester, eine liebe und tüchtige, wenn auch medizinisch nicht sonderlich beschlagene, kompromisslose christliche Fundamentalistin, und die beiden Freundinnen meiner Mutter, hart gesottene Götzendienerinnen, soweit ich das erkennen konnte, lagen im Krieg um die Seele meiner Mutter. Es war ein kleineres Aufflackern sozialer Konflikte der alten Appalachen – die Christen gegen die Schamanen – im Neuen Süden, inszeniert als Auseinandersetzung um den zerstörten Körper von Louanne Antrim. Hin und her ging es, in flüsternd geführten Privatkonferenzen, kleinen Friedensgesprächen draußen im Garten:

«Die sagen okkulte Sachen. Die werden sie dem Teufel ausliefern. Ich lasse in drei Kirchen dafür beten, dass Ihre Mom in Jesu Armen aufersteht.»

«Diese Pfingstlerin versucht, Louanne zu Christus zu bekehren. Ihre Mutter hat die organisierte Religion schon vor langer Zeit hinter sich gelassen. Sie will das einfach nicht.»

«Jedes Mal, wenn ich für Ihre Mutter bete, kommen sie rein und hindern mich daran. Ich mache mir schreckliche Sorgen um Ihre Mom.»

Am Ende fiel es mir zu, das Morphium zu verabreichen. Oder besser gesagt, ich beschloss, dass ich, als einziger Mann am Schauplatz, derjenige war, der das Morphium zu geben hatte. Alle vier Stunden zerdrückte ich eine Lorazepam-Tablette in einem Löffel zu Pulver, fügte diesem Pulver eine geringe Menge flüssiges Morphium hinzu, zog die Lösung auf eine Spritze und flößte sie meiner Mutter in den leicht geöffneten Mund ein. Ich achtete darauf, die Lösung seitlich einzuspritzen.

Meine Schwester und ich betupften die Lippen meiner Mutter mit Schwämmen, und in der dritten Nacht begann ihr Todesröcheln. Ich legte Klaviersonaten von Mozart auf, passte mich nach einer Weile jedoch der Stimmung an und ging zu Miles Davis über. Irgendwann vor Morgengrauen entspannte sich das Gesicht meiner Mutter, ihre Haut klärte sich, und obwohl ihr Hals und ihre Brust noch immer schrecklich rasselten, lächelte sie. Es war ein breites, unzweideutiges Lächeln. Terry sagte zu mir: «Schau mal, sie wird jünger.» Es stimmte. In den Stunden vor ihrem Tod begann Louanne sich selbst als der jungen Frau zu ähneln, die wir von Fotos aus der Zeit vor unserer Geburt kannten – erfüllt von einem Strahlen, vor sich ihre Zukunft und was immer sie an verrückten oder plausiblen Hoffnungen damit verband. Erstaunlicherweise stellte sich dieser Effekt trotz der fehlenden Zähne ein. Ich saß in einem Sessel neben dem Bett und las ihr aus den Gesammelten Erzählungen von Peter Taylor vor, die sie offenbar überhaupt nicht zu schätzen wusste – ihr Lächeln verschwand, und sie runzelte sogar die Stirn über den Anfang von «A Wife of Nashville» –, und obwohl ich Peter Taylor durchaus mag, verspürte ich in diesem Augenblick eine echte Kameradschaft mit meiner Mutter. Ich hörte auf vorzulesen und sagte ihr, sie sei eine gute Mutter, eine gute Künstlerin gewesen; Terry und ich liebten sie und seien ihr dankbar für ihre Fürsorge; besonders die Jahre in Tallahassee seien recht gute Jahre gewesen; wir beide, ihre beiden Kinder, hätten, sosehr wir sie auch vermissen würden, sehr viel, wofür es sich zu leben lohnte; wir kämen ohne sie zurecht. Die Sonne ging auf. Terry fuhr ins Hotel zurück, um zu duschen und ein wenig zu schlafen. Die New Ager und die nette Christin waren irgendwo anders; und ich hielt meiner Mutter die Hand und sagte ihr, bis auf uns beide sei das Haus leer, nur sie und ich seien im Haus, draußen vor den Fenstern sei es ein schöner Tag, Vögel säßen in den Bäumen, ein leichter Wind bewege die Blätter, Wolken zögen über den Himmel, und wenn sie wolle, könne sie ruhig sterben, was sie prompt tat.

Von 1966 bis zum Sommer 1968 wohnten meine Schwester und ich mit meiner Mutter in Tallahassee, Florida. Uns gegenüber stand eine Kirche, deren Turmspitze man gekappt und in dem Hof daneben auf die Seite gelegt hatte, wo sie abblätterte und vor sich hin rostete. Am Anfang der Straße gab es eine Tankstelle, wo man für fünf Dollar den Bushel Apalachicola-Austern kaufen konnte. Unser Vater war Dozent in Virginia; obwohl die erste Scheidung unserer Eltern entweder schon vollzogen oder auf dem besten Wege dazu war, besuchte er uns jeden Monat, kam in seinem schwarzen VW Käfer vorgefahren und parkte auf der mit Muschelschalen und Sand bestreuten Einfahrt – für Terry und mich das Stichwort, unter aufgeregtem Geschrei aus dem Haus zu stürmen. Oft verbrachten wir den ersten Abend seines Besuchs als Familie, saßen auf der aus Beton und Ziegelsteinen bestehenden Veranda, öffneten und aßen Dutzende von Austern und schauten hinüber zu der Kirche mit ihrer wie abgeschlagenen, nutzlosen Turmspitze. Meine Schwester und ich sind stillschweigend übereingekommen, diese Jahre als glückliche in Erinnerung zu behalten, hauptsächlich weil es nur in Maßen direkte Auseinandersetzungen zwischen meinen Eltern gab, da sie nur selten zusammen waren; aber auch, weil wir drei, Terry, meine Mutter und ich, zu einer eigenen Familie wurden, einer Familie, die in Abwesenheit der Familie existierte, die wir gern gewesen wären. Terry und ich waren gut in der Schule; wir fuhren Fahrrad, bauten Forts aus Gartenmöbeln, spielten mit Freunden von der anderen Straßenseite. Ich ging zu den Wölflingen; sie war bei den Jungpfadfinderinnen. Ab und zu erlaubte uns unsere Mutter, die Schule zu schwänzen, und dann wurde unser Dreiergespann zur Teegesellschaft im Wohnzimmer. In unserem Leben herrschte annähernd so etwas wie Normalität. Rückblickend würde ich sagen, es war eine gezwungene Normalität. Unsere glückliche Familie war eine beunruhigend glückliche Darstellung von Familie.

Dabei fällt mir ein besonderes Ereignis ein. Mit neun Jahren spielte ich in einer «Macbeth»-Inszenierung der Florida State University die Rolle des jungen Macduff. Meine Mutter arbeitete in der dortigen Theaterabteilung als Kostümschneiderin. Sie war es auch, die schließlich mein Kostüm nähte, einen gelb-orangefarbenen Kittel mit einer Schärpe als Gürtel. Der Kittel wurde trotz wiederholtem Waschen mit jeder Aufführung immer blutiger. Hier einige Zeilen aus dem 4. Aufzug, 2. Szene, gesprochen von Lady Macduff und ihrem Sohn, ehe sie von Macbeths Häschern ermordet werden:

Lady Macduff: Nun, Freund, tot ist dein Vater;
Und was fängst du nun an? Wie willst du leben?
Sohn: Wie Vögel, Mutter.
Lady Macduff: Was, von Würmern, Fliegen?
Sohn: Nein, was ich kriegen kann: so machen sie's.
Lady Macduff: Du armer Vogel, würdest nicht das Netz,
Leimrute, Schling und Falle fürchten.
Sohn: Wie doch? Für arme Vögel stellt man die nicht auf.
Mein Vater ist nicht tot, was du auch sagst.
Lady Macduff: Ja, doch; wo kriegst du nun 'nen Vater her?
Sohn: Nun, wo kriegst du 'nen Mann her?

Und:

Sohn: War mein Vater ein Verräter, Mutter?
Lady Macduff: Ja, das war er.
Sohn: Was ist ein Verräter?
Lady Macduff: Nun, einer, der schwört und es nicht hält.
Sohn: Und sind alle Verräter, die das tun?
Lady Macduff: Jeder, der das tut, ist ein Verräter und muss aufgehängt werden.

Nur einen Moment später kommen die Mörder. Laut Bühnenanweisung wird der junge Macduff als Erster ermordet und schreit: «Er hat mich umgebracht! Mutter, ich bitte dich, lauf fort!», während sie in die Kulissen flieht und dabei «Mord!» schreit. In unserer Inszenierung starben beide auf der Bühne. Zuerst ging ich, in Rücken und Bauch gestochen, zu Boden. Meine Bühnenmutter eilte zu mir und kniete sich neben mich. Dann wurde sie ermordet. Sie sank quer über mich und blieb tot (wenn auch schwer atmend) auf mir liegen. So kam es, dass ich mich in Lady Macduff verliebte. Das heißt, ich verliebte mich in Janice, die Studentin, die Lady Macduff spielte. Zum Ende der Szene hin wurden die Lichter abgeblendet. Unter meiner Mutter hervor, die nicht meine Mutter war, sah ich jeden Abend zu, wie die Glühfäden der Lampen verblassten, und wenn es auf der Bühne dunkel wurde, flüsterte ich in Janice' Ohr, das ich praktisch im Mund hatte: «Okay, steh auf», weil ihr Geruch, ihr Haar, das mir ins Gesicht fiel, ihr Ohr an meinem Mund und der Druck und die Wärme ihres mich zu Boden pressenden Körpers zu intensiv wurden, als dass ich sie ertragen konnte.

Mir scheint, dass einige der Archetypen meines Erwachsenenlebens zur Aufführungszeit dieses Stückes ihren ersten Auftritt hatten: Der Mann, der auftaucht und sich zurückzieht, auftaucht und sich zurückzieht; die Frau, die sowohl meine Mutter als auch ein Mädchen ist, in das ich verknallt bin; und die wirkliche Mutter, die stirbt, weil es ihr an der Liebe und dem Schutz eines Mannes, ihres Ehemannes, fehlt. Das sind sehr rudimentäre Formulierungen, die aber gleichwohl auf ein Faktum von großer Tragweite verweisen, nämlich auf meinen fragwürdigen Sieg über meinen Vater und meine

Eroberung meiner Mutter. Wie der junge Macduff in den Augenblicken vor seinem Tod wurde ich zum Vertrauten meiner Mutter. Damit wurde ich ihr wahrer Ehemann, der Mann, der genau wie und zugleich ganz anders als andere Männer war. Und indem ich das wurde, wurde ich krank.

Hauptleiden war ein schweres Asthma, dessentwegen ich öfter Krankenhäuser oder Arztpraxen aufsuchen musste. Ich nahm Medikamente, die mich nachts wach hielten, und mühte mich ab, ein Aerosol aus einem Zerstäuber einzuatmen, der auf dem Tisch neben meinem Bett vor sich hin summte, während meine Mutter bei mir saß. Sie hatte eine Art, neben mir auf dem Bett zu sitzen – in einem bestimmten Winkel, vorgebeugt, vielleicht eine Hand auf meiner Stirn oder meine Hand in der ihren, in einer Haltung, in der Mütter überall auf Betten neben kranken Kindern sitzen –, die ich niemals vergessen werde. Dies war unsere Form von Intimität. In späteren Jahren, nachdem sie und mein Vater erneut geheiratet hatten und ihr alkoholbedingter Verfall massiv einzusetzen begann, wurde ihr Bild aus der Zeit von Tallahassee, wie sie in dem kleinen Haus in der Eighth Street Tee in Porzellantassen servierte oder nächtelang bei mir auf der Bettkante saß, verdrängt von dem extremeren Bild der zunehmend auf den Hund gekommenen Lady Macduff, die aus ihr wurde. Wenn wir von etwas oder von jemandem sagen, wir würden für es oder für diesen Menschen sterben, entgeht uns vielleicht die buchstäbliche Bedeutung der Aussage, die sich in der

Metapher verbirgt. Ich war ein Junge, der *für* seine Mutter starb, der wütend und hartnäckig ihre Arbeit des Sterbens verrichtete, die Arbeit, mit der sie lange vor meiner Geburt begonnen hatte. In dieser Version der Geschichte meiner Krankheit – der Geschichte unseres geheimen Einverständnisses in der Krankheit – brachte ich meine Mutter nicht bloß an mein Bett, schuf nicht einfach nur Nähe. Vielmehr vermählte ich mich mit ihr, lernte die Sprache ihres Unbewussten, die, wie die Zeit erweisen würde, eine Sprache von Erstickung und Tod war. In Krankheit waren wir miteinander verbunden. Sie war ich und ich war sie.

Ich kaufte das Dux. Natürlich kaufte ich das absolute Spitzenprodukt. Warum halbe Sachen machen, wenn man etwas für den Rest seines Lebens kauft? Die Leute, die es lieferten und aufbauten, waren nicht nur Lieferanten. Sie waren wahre Gläubige, echte Fans. Einer von den Männern war groß, der andere weniger groß. Der Große übernahm das Reden.

«Ich schlaf genau auf dem gleichen Bett.»

«Ach ja?»

«Das beste Bett, auf dem ich je geschlafen hab. Ich hab auf allen möglichen Betten geschlafen. Schauen Sie mich an. Ich bring einiges auf die Waage. Die meisten Betten würden bei mir zwei, drei Jahre halten, dann wären sie hinüber. Das hier nicht.»

«Ach ja?»

«Wenn ich's Ihnen sage. Ich schlaf auf dem Bett. Meine Mutter schläft auf dem Bett. Meine Schwester hat auch so eins. Die Schwester meiner Mutter schläft auf dem Bett.»

«Sie machen Witze.»

«Ich schlaf da drauf wie ein satter Säugling.»

Wie ein Säugling? Und wenn ich nun wie ein Mann schlafen wollte? Es spielte so oder so keine Rolle, weil ich überhaupt keinen Schlaf fand. Jedenfalls nicht in dieser Nacht. In der folgenden auch nicht. Und auch nicht in der danach.

«Hey, komm rüber. Ich hab das Bett.»

«Wirklich?»

«Ja. Es ist da.»

«Ich fass es nicht.»

«Ich hab's aber. Es ist da.»

«Hast du dich schon mal draufgelegt?»

«Irgendwie schon, ja.»

«Hast du es bezogen?»

«M-hm.»

«Liegt mein Kissen drauf?»

«Natürlich.»

«Ist es so groß wie das andere?»

«Fast.»

«Du hast das Bett!»

«Ich hab das Bett!»

Und dann folgte eine schlaflose Nacht, und was für eine – allerdings nicht aus Gründen, die man hätte absehen können oder sich gar wünschen würde. Es war in vielerlei Hinsicht eine schlechte Nacht. Erstens fühlte sich das Bett zu weich an. Zweitens federte es zu sehr.

Drittens schien es bewegungsbedingte Schwingungen zu stark zu übertragen. Viertens war es zu endgültig. Es stellte das Ende der Suche nach ihm selbst dar. Und jetzt war es da. Das Bett gehörte mir. Es würde nicht der Ort von Liebe und Ruhe, sondern von Entbehrung und Einsamkeit sein. Die ganze erste Nacht hindurch lag ich wach und *spürte* das Bett. Ich spürte, wie ich hineinsank. Ich spürte, während ich hineinsank, das Fehlen des vertrauten Drucks an Schultern und Hüften, und ohne diesen Druck kam ich mir haltlos vor. Wenn R. sich auch nur einen Zentimeter bewegte, spürte ich das. Wenn sie sich umdrehte, war die Wirkung katastrophal. Am Morgen war ich vollkommen gerädert, genau wie R.

Was in den nächsten paar Tagen folgte, war ein Workshop in Sachen Hysterie. Ich rief das Geschäft an. Ich rief andere Geschäfte in anderen Staaten an. Ich wollte von der Dux-Gemeinde wissen, was ich tun konnte, um ihr anzugehören, wie ich dafür sorgen konnte, dass ich mich auf meinem Bett so fühlte, wie sie sich auf ihren zu fühlen behaupteten. Pamela, die Geschäftsführerin des Ladens in der East Fifty-eighth Street, verlor irgendwann die Geduld und sagte mir, sie werde das Bett zurücknehmen – und zwar sofort! Entgegen der Firmenpolitik! Sie werde in meinem Fall eine Ausnahme machen! Allerdings gebe es keine volle Erstattung des Kaufpreises! Ob ich das Bett wolle? Ob ich das Bett wolle oder nicht? Allein sank ich nachts in das Bett und versuchte, es zu wollen. Und je tiefer ich in das Bett sank, desto näher kam ich der Erkenntnis, was das Bett war. Es war das letzte Bett, das ich je kaufen würde. Es war das Bett, das mich meinem Schicksal überantworten würde. Es war das Bett, das mich wieder mit meiner Mutter vermählen, das Bett, das ich mit Louanne teilen würde. Wenn ich mich bewegte, bewegte sich das Bett, gab mir durch das Schwirren gespannter Federn Widerworte, sagte mir, dass es für mich keine Ruhe geben werde. Das Bett war lebendig. Es war erfüllt von meiner Mutter. Ich sank in das Bett, und es war, als sänke ich in ihre Arme. Sie saß nicht neben mir auf dem Bett, sie war *in* dem Bett, und ich war *in* dem Bett; und sie zog mich in das Bett hinab, damit ich mit ihr starb. Es war mein Totenbett. Es war ein Sarg. Es war ein Sarkophag. Ich wollte nicht sterben. Oder doch? Wenn ich das Bett nur dazu bringen könnte, Ruhe zu geben. Warum konnte das Bett mich nicht zufrieden lassen? Warum konnte das Bett nicht *mein* Bett sein?

Tagsüber hängte ich mich ans Telefon. Eine Frau in einem der Südstaaten verwies mich an einen Mann im selben Staat, der diese Betten seit zwanzig Jahren verkaufte. Dieser Mann wusste alles über die Betten.

«Auf was für einem Boden steht Ihr Bett? Ist es ein Holzboden?»

«Ja, es ist ein Holzboden.»

«Da haben Sie Ihr Problem.»

«Wieso, wie meinen Sie das?»

«Auf Holzböden können diese Betten manchmal sehr stark schwingen. Haben Sie einen Teppich unter dem Bett?»

«Nein.»

«Sie brauchen einen Teppich unter dem Bett. Das dämpft die Federn.»

«Ich habe keinen Teppich.»

«Besorgen Sie sich welche von diesen Filzgleitern für Möbel. Sie brauchen sechs Stück, weil es bei Betten in Übergröße Extrabeine unter der Bettmitte gibt.»

Filzgleiter? Es war zu spät für Filzgleiter. Das Bett musste ins Lager zurück, und zwar gleich am nächsten Morgen! Der Große und der weniger Große würden kommen und das Bett fortschaffen, das ich zugleich wollte und nicht wollte, das ich zugleich brauchte und nicht brauchte, um weiter der Mann sein zu können, der zugleich besser und schlechter war als andere Männer. Nur Minuten vor Geschäftsschluss rannte ich los, kaufte die Filzgleiter, rannte nach Hause zurück und schob sie unter die Beine des Bettes. Ich ließ mich auf das Bett plumpsen. Ich hatte tagelang nicht geschlafen. Nächtelang. Und die Nacht nahm einfach kein Ende: meine Mutter. Das Bett. Meine Mutter. Das Bett. Morphium. Das Bett. Ich hatte sie im Stich gelassen, indem ich weiterlebte. Ich hatte sie durch Vernachlässigung umgebracht. Trost zu finden war verboten. Außer im Tod. Am Morgen würden die Männer kommen, um unser Bett wegzuschaffen. Ich zog die Decke hoch, sank ins Bett und trieb ruhelos durch jene halb wache Traumwelt, in der ich mit und ohne meine tote Mutter leben und sterben konnte, und ich wartete auf die Männer.

Dann war es Morgen, das durch die Fenster einfallende Licht stach mir in die Augen, ich rauchte nun selbst eine Zigarette, der Summer ertönte, und sie kamen die Treppe heraufgetrampelt und begannen das Bett zusammenzupacken. Sie schraubten die Beine ab, nahmen es auseinander, verpackten es, und im Handumdrehen war das Schlafzimmer leer, so leer, wie es auch mein unausgeschlafener Verstand plötzlich war.

«Warten Sie mal!»

Sie warteten.

«Das hier ist nicht richtig!»

«Was ist nicht richtig?»

«Alles! Das Ganze hier!»

Ich erzählte ihnen die Geschichte von dem zu sehr federnden, zu elastischen Bett. Von der ganzen Schlaflosigkeit. Den ganzen Telefongesprächen. Den Geschäftsführern, den Filzgleitern. Alles kam aus mir herausgesprudelt. Das mit meiner Mutter allerdings nicht. Nichts von Louanne. Die Männer standen in meinem leeren Schlafzimmer, hörten zu, schenkten mir ihre Aufmerksamkeit. Der Große, der, glaube ich, ein gesundes Realitätsbewusstsein hatte, sagte: «Da gibt's ein Problem, so viel ist klar. Aber ich muss Ihnen sagen, dass ich nur der Fahrer bin.»

Ich ging zum Telefon. Ich wählte die Nummer des schwedischen Präsidenten von Dux Interiors in Nordamerika. Was um alles in der Welt würde ich zu ihm sagen? Was wollte ich von ihm?

«Hallo?»

«Hallo. Spreche ich mit Mr. Gustafsson?»

«Am Apparat.»

«Guten Tag. Ich heiße Donald. Ich bin Kunde von Ihnen. Ich habe ein Bett, das gerade abgeholt wird, weil ich es zurückgebe.»

«Sie geben es zurück?»

«Ähm, ja.»

«Gefällt Ihnen das Bett nicht?»

«Doch, es gefällt mir schon. Es gefällt mir. Es ist nur so, dass es Probleme gibt?»

«Probleme?»

Der Große trat vor. Er nahm die Sache in die Hand. Er sagte zu mir: «Lassen Sie mich mal mit Bo reden.»

Ich übergab an ihn. Er stand in meinem geplünderten, leeren Schlafzimmer und übernahm das Reden. Er redete lange Zeit. Als er sein Gespräch mit dem Präsidenten beendet hatte, reichte er mir den Hörer. Er sagte: «Bo will mit Ihnen reden.»

«Hallo? Ist dort Donald? Hallo. Ich möchte Sie etwas fragen. Welche Bettengröße haben Sie?»

«Queen.»

«Aha. Und Sie sagen, es federt zu sehr?»

«Unter anderem.»

«Hmm.»

«Es schwingt.»

«Es schwingt. Wie meinen Sie das?»

«Ich meine, dass man alles spüren kann. Wenn man auf dem Bett liegt. Wenn man im Bett ist. Man spürt zu viel. Ich spüre zu viel.»

«Tja. Ich weiß nicht, was ich Ihnen sagen soll. Das Bett enthält viele Federn. So funktioniert es nun mal. Alle Federn wirken zusammen. Da entsteht zwangsläufig eine gewisse Bewegung. Vielleicht brauchen Sie Ihren eigenen Schlafbereich, um richtig ausschlafen zu können. Vielleicht brauchen Sie das King.»

«Ich habe keinen Platz für ein King.»

«Ich weiß nicht, was ich Ihnen sagen soll. Sie müssen selbst entscheiden, ob Sie das Bett behalten wollen oder nicht. Die Entscheidung kann ich Ihnen nicht abnehmen.»

«Ich weiß.»

«Es ist ein gutes Bett. Ich bin sicher, Sie werden sich daran gewöhnen, wenn Sie es behalten. Diese Betten sind gewöhnungsbedürftig.»

«Ich weiß.»

«Viel Glück.»

Ich legte auf. Ich sah die Männer in meiner Wohnung stehen. Ich sah das in Kisten verpackte Bett an der Tür. Ich sah das Sonnenlicht durch die Fenster hereinkommen. Ich sah mich selbst, wie ich dastand und all das sah. Ich war ein Mensch, dessen Bedürfnis nach Liebe und Mitgefühl ihn veranlasst hatte, am frühen Morgen einen schwedischen Manager anzurufen. Vielleicht wird die Geschichte von meiner Mutter und dem Bett an dieser Stelle zur Geschichte von meinem Vater und dem Bett, der Geschichte, die noch zu erzählen bleibt, der Geschichte, so könnte man sagen, von Queen im Gegensatz zu King.

Das Bett verschwand. Ich ließ es ziehen. R. hatte Recht. Ich konnte mir später ein anderes Bett besorgen. Ich stand in meinem leeren Zimmer. An die Stelle des Bettes trat – Scham? An die Stelle des Bettes trat eine Frage, die gleichzeitig zu einfach und zu kompliziert ist, als dass man sie beantworten könnte.

TEIL 2

Als ich ein Junge war, wurde eine Zeit lang der Bruder meines Vaters, mein Onkel Eldridge – ein Mann, so sehe ich ihn heute, der genau wie andere Männer und zugleich ganz anders war –, mein Freund und Gefährte. Heute kann ich nicht an meinen Onkel denken, ohne mich an sein Auto und das, was er darin mitführte, zu erinnern. Auf dem Rücksitz hatte er ein Fahrrad, dessen Vorderrad abmontiert war. Nie habe ich ihn das Rad anbringen und fahren sehen. Neben dem Fahrrad stand eine Golftasche, die Holzschläger und Eisen, Bälle, Tees, Stifte zum Notieren des Spielstandes, Golfhandschuhe und eine Schirmmütze enthielt. In unmittelbarer Nachbarschaft der Golfschläger fanden sich, zusammengeklappt und zwischen Vorder- und Rücksitz gezwängt, zwei Liegestühle und auf dem Sitz eingekeilt Handtücher und eine Kühlbox, die er alle ein, zwei Tage mit Eis, Bier, Traubensaft, Erdbeer- und Orangenlimonade bestückte. Der Kofferraum enthielt, soweit ich mich erinnere, seine Tennisschläger in ihren Schutzhüllen und eine Tennistasche, wie sie die Profis auf den Platz mitnehmen, voll gestopft mit Bällen in Dosen, Baumwollschweißbändern, Shorts, Trikots, Tennisschuhen, Socken und einem Hut. Es gab einen Football, den man sich am Strand zuwerfen konnte, und eine Pumpe, um ihn aufzupumpen. Es gab Baseballhandschuhe und einen Baseball; und es gab eine Angelausrüstung – eine zerlegbare, in ihrem eleganten, zylinderförmigen Etui verstaute Rute und einen kleinen Kasten mit Zubehör, voll gepackt mit Haken, Ködern und Angelschnur – sowie eine Schwimm- und Tauchausrüstung mit Maske, Flossen, einem Schnorchel, einem Tauchermesser, einer Tiefenlehre, einem Reglerventil, einem Auftriebsausgleich, einem Bleigürtel und manchmal, im Kofferraum ganz nach hinten geschoben – vielleicht war Eldridge aber auch, um Platz dafür zu schaffen, gezwungen, mittels Triage andere Stücke zu opfern –, eine kleine Sauerstoffflasche, die eigentlich mir gehörte. Für den Fall, dass er Gelegenheit hatte, sich an Land fein zu machen, besaß er das minimal Erforderliche. Eine gebügelte Hose. Ein sauberes Hemd. Eine Krawatte, zusammengerollt. Ein paar Garnituren Unterwäsche. Dünne Socken. Einen Gürtel. Schwarze Schuhe mit eingelegten Schuhspannern. Schuhcreme. Einen Lappen zum Wienern. Es gab einen Kulturbeutel, der Rasierer und Rasierschaum enthielt, ferner Shampoo, Talkumpuder, Zahnbürste, Zahnpasta und reichlich English-Leather-Toilettenwasser, das er sich mehrmals am Tag ins Gesicht klatschte. Es gab einen batteriebetriebenen Plattenspieler und Platten der Everly Brothers, Clancy

Brothers und Smothers Brothers, die man darauf spielen konnte. Zum Lesen führte er eine Sammlung von Jagd-, Tennis-, Golf- und Bogenschießzeitschriften, *Playboy* und *Penthouse* sowie Bücher von D. H. Lawrence, Henry Miller und Lawrence Durrell mit sich. Zum Schießen hatte er in einem Fach neben der Ersatzradmulde eine .22er Pistole in einem Lederfutteral und manchmal, ebenfalls in einem Futteral, eine doppelläufige Schrotflinte; wenn er die Schrotflinte dabeihatte und schießen gehen wollte, war meist auch ein Karton mit Tontauben da, von denen ich ihm viele warf, und zwar mit Hilfe einer Vorrichtung mit Federmechanismus zum manuellen Hochkatapultieren der zerbrechlichen gelben Scheiben. An Munition hatte es keinen Mangel. Und es gab vieles, was mit der Wartung des Wagens im Besonderen und mit Verkehrssicherheit im Allgemeinen zu tun hatte: Zündkerzen, Frostschutzmittel in einem Container, Motorenöl in einem Kanister, Steckschlüssel, Starthilfekabel, Warnfackeln. Es gab Sonnenschutzlotion; und es gab Heftpflaster und andere Erste-Hilfe-Artikel, darunter auch elastische Binden; außerdem Schreibmaterialien und Briefmarken; und, da und dort in Nischen und Winkel gesteckt, Golfschuhe, einen Regenschirm, einen Regenponcho, eine Thermosflasche, ein Schweizer Offiziersmesser, Flaschen- und Dosenöffner, ein Fernglas, eine Frisbee-Scheibe.

An seinen freien Tagen – er arbeitete in einem Lagerhaus beim Flughafen von Sarasota, Florida, wo er Lkws von Canada Dry belud – spielte er Golf, legte sich an den Strand oder spielte mit Arbeitskollegen auf der städtischen Anlage Tennis, und manchmal fuhr er an eine abgelegene Stelle im Wald, wo er einen der Liegestühle aufstellte, daneben die Kühlbox und eine Hand voll seiner Bücher und Zeitschriften aufbaute, eine Platte auf den Plattenspieler legte und dann herumsaß und Folk Music hörte, in den Zeitschriften blätterte, sich die Welt durch sein Fernglas beguckte, Bier trank und ab und zu mit der Pistole auf leere Dosen schoss, die er in einiger Entfernung auf Ästen oder verrottenden Zaunpfosten aufstellte. Laut meiner Mutter umzingelten ihn eines Tages Beamte der Staats- und Bundespolizei, legten ihm Handschellen an und nahmen ihn in Gewahrsam, weil er von einem Überwachungsteam gesichtet worden war, das man Präsident Nixon vorausgeschickt hatte, der mit der Air Force One in Sarasota landen sollte. Als die Beamten ihn zur örtlichen Polizeistation brachten, sagte der Polizeichef zu ihnen: «Ach, das ist bloß Bob Antrim, der ist völlig harmlos», was auch stimmte; und so ließen sie ihn umgehend wieder laufen.

Er hieß Robert Eldridge Antrim. Bei seiner Familie war er als Eldridge bekannt, um ihn von seinem Vater, der ebenfalls Robert hieß, zu unterscheiden, und bei seinen Freunden als Bob, aber er wurde gelegentlich auch Sam genannt. Der Name Sam tauchte in Zusammenhang mit meinem Onkel erstmals Mitte der Fünfziger auf, und zwar im Sportteil einer in Sarasota erscheinenden Zeitung, in einem Artikel, der die Golfmannschaft der Sarasota High School lobhudelte, in der Eldridge der Star war. Tatsächlich hatte Eldridge selbst seinen Namen mit Sam angegeben, vermutlich weil er Eldridge satt bekommen hatte. Es war ein Witz; und der Witz hielt sich, obwohl am Ende seines Lebens nur noch meine Mutter ihn Sam nannte. Sie war bei ihm im Sarasota Memorial Hospital, als er 1992 an einer akuten Alkoholvergiftung starb. In jungen Jahren kannte ich meinen Onkel als Eldridge. Ein paar Jahre lang, als ich ein Teenager war, war er ein Held für mich. Wenn ich heute an ihn denke, ist er Bob; und ich glaube, dass diese Verwandlung von Eldridge zu Bob via Sam etwas mit der Wirkung zu tun hat, die er auf mein Leben hatte, besonders mit der Wirkung eines bestimmten Vorfalls, der sich ereignete, als ich vierzehn war.

Wir wohnten damals in Miami: meine Mutter, mein Vater, meine Schwester, unsere absurden Katzen – Zelda Fitzgerald und die neurologisch geschädigte Siamkatze Justine – und ich. Eldridge wohnte in jenen Jahren, Anfang der Siebziger, oben an der Golfküste in Sarasota, in einem Einzelhaus in einer Wohnsiedlung, das er mit seiner Mutter, meiner Großmutter Eliza, teilte. Elizas Lebensgeschichte ist in gewisser Weise ungewöhnlich für eine Frau ihrer Zeit. Sie wuchs in den Anfangsjahren des zwanzigsten Jahrhunderts in Richmond, Virginia, auf, in einem laut meinem Vater strikt episkopalischen Elternhaus, mit einem patriarchischen Vater, der streng zu seinen Söhnen war und mit besitzergreifender Affenliebe an seiner einzigen Tochter hing, die es trotzdem schaffte, auf das nahe gelegene Randolph-Macon Woman's College und von dort an die Columbia University zu flüchten, wo sie einen Magister in Spanisch erwarb. Während ihrer Studienjahre mietete sich ein Medizinstudent aus San Juan, Puerto Rico, im Hause ihres Vaters ein – wie das im Einzelnen zustande kam, weiß ich nicht. Im Laufe ihrer zu Hause verbrachten Semesterferien verliebte sich Eliza in diesen Mann und ging sogar so weit, mit ihm eine Schiffsreise nach Puerto Rico zu unternehmen, um sein Elternhaus zu besuchen. Der Familienüberlieferung zufolge war Rafael für meine Großmutter die Liebe ihres Lebens. Ich stelle ihn mir als einen Menschen nach europäischer Fasson vor: gelehrt und höchstwahrscheinlich von gewinnendem Wesen, ein Mann, der Kleidung trug, die von seiner Physis, gleichsam von seiner Person ablenken sollte – nicht um zu verschleiern, dass er nach dem geistigen Bild, das ich von ihm habe, weder hoch gewachsen noch durchtrainiert war, sondern um aus schierer Höflichkeit die ihm eigene Attraktivität zu verbergen, das heißt seine Ungeeignetheit als Lebenspartner für eine junge Frau, die in einem im Grunde genommen viktorianischen Haushalt aufgewachsen war. Über Dinge, die einem zeitlich und vom Empfinden her so weit entrückt sind, kann man nur Vermutungen anstellen. Mein Vater erzählte mir, dass Rafael Eliza bat, ihn zu heiraten, als sein Aufenthalt in Amerika endete. Sie ließ keinen Zweifel daran, dass sie ihn liebte, jedoch unmöglich einen Katholiken heiraten könne. Und damit hatte es sich offenbar. Ihr Liebster fuhr ohne sie nach Hause. Im Lauf der Jahre sahen sie einander noch ein-, zweimal. Und dann, als sehr alter Mensch mit bereits nachlassender Gesundheit, tat sie, wie um zu bestätigen, welche Erotik der Liebe zu einem Menschen innewohnt, den zu heiraten man nicht über sich bringt, etwas Überraschendes und Schönes. Sie kaufte sich ein Flugticket nach San Juan. Sie verriet keiner Menschenseele etwas von ihren Absichten. Sie scheint keine bestimmten Absichten gehabt zu haben. Allein in Puerto Rico, suchte sie die Orte auf, an die sie sich aus ihrer Zeit mit Rafael dort erinnerte, der ein, zwei Jahre zuvor gestorben war.

Elizas Leben, so scheint mir, entwickelte sich ganz anders, als sie es mit Mitte zwanzig bei ihrer wenn auch unvollständigen oder misslungenen Flucht aus dem Haus ihres Vaters erhofft haben mochte. Nach meiner Interpretation lebte sie nach ihrer Rückkehr aus New York wie eine Elizabeth Barrett Browning in einer Art häuslicher Gefangenschaft, bis man ihre Heirat mit einem entfernten Cousin, Robert Antrim, arrangierte, einem Mann, der älter als sie war und den sie wohl kaum leidenschaftlich liebte. Robert Antrim war in jenen Jahren Verwalter der Blandy Experimental Farm, dem heutigen Virginia State Arboretum, einer Lehrfarm der University of Virginia in der Nähe von Winchester. Er war wortkarg und fleißig, und er und Eliza hatten zwei Söhne. Dann setzte sich Robert Antrim eines Tages in den Kopf, dass es sein Schicksal sei, in Florida Gladiolen zu züchten. Er und sein Bruder Frank unternahmen schon seit einiger Zeit einmal im Jahr eine gemeinsame Autofahrt – schweigsame, vierzehntägige

Exkursionen nach Zentralflorida und zurück. Sie besaßen einen alten Ford und waren dafür bekannt, dass sie langsam fuhren.

Aus meiner Kindheit kann ich mich noch erinnern, wie langsam der Vater meines Vaters fuhr. Viele Jahre, nachdem Robert und sein Bruder ihre ersten Fahrten entlang der Atlantikküste unternahmen, und lange nachdem Robert sich mit seiner Familie in Sarasota niedergelassen hatte, gegen Ende seines Lebens, als meine Schwester und ich noch jung waren, pflegte er uns mit seinem blauen Mercedes Diesel zum Ringling Museum of the Circus zu fahren, einem Teil des grandiosen Prachtbesitzes, den der große John Ringling hinterließ, nachdem er sich verschuldet hatte und 1936, dem Geburtsjahr meines Vaters, an Lungenentzündung gestorben war. Der Ringling-Komplex liegt an der Sarasota Bay. Dazu gehören John und Mable Ringlings riesige und sonderbar eingerichtete Winterresidenz Cà d'Zan, das Ringling Art Museum, das unbedeutende Alte Meister sowie Barockgemälde und -tapisserien enthält, ferner ein Theater im italienischen Barockstil, das Asolo, und das Museum of the Circus, allesamt unter Verwendung von Gebäuden und Gebäudeteilen errichtet, die man Ende der zwanziger, Anfang der dreißiger Jahre des 20. Jahrhunderts in Norditalien sorgfältig abgebaut, in Kisten verpackt und nach Florida verschifft hatte. Der Gemäldegalerie angeschlossen ist eine Bibliothek, in der mein Vater in seiner freien Zeit – er arbeitete hier nachmittags nach der Schule und in den Sommerferien als

Museumsführer – kunsthistorische Bücher las. Hier hatte laut meiner Mutter Sir Anthony Blunt, der infame Spion und Spezialist für die Kunst der Renaissance und des Barock am Ende eines Rundgangs durch die Sammlungen des Museums meinen Vater, der ihm als Führer gedient hatte, eingeladen, das Courtauld Institute in London zu besuchen. Das alles hatte sich ereignet, bevor man Blunt als russischen Agenten entlarvte und ihm seinen Adelstitel aberkannte. Manchmal frage ich mich, was aus unserer Familie geworden wäre, wenn mein Vater Sir Anthonys Angebot angenommen hätte. Letztlich aber blieb alles, wie es war, das heißt, meine Schwester und ich wurden als Kinder in Sarasota am Eingang des Zirkusmuseums stets von Cookie begrüßt, einem Zwerg, der einen prunkvollen roten Rock trug. Cookie wurde berühmt als der Munchkin, der Dorothy in der Munchkinland-Sequenz des Films *Der Zauberer von Oz* einen Blumenstrauß überreicht.

Wie auch immer, ich erinnere mich, dass mein Großvater bei diesen Ausflügen in seinem Mercedes nie schneller als vierzig fuhr – im Gegensatz zu meinem anderen Großvater, Don Self, der in seinem Carport stets Oldsmobiles und Buicks der klotzigen Sorte stehen hatte, die auf der Interstate mühelos hundertvierzig schafften –, und ich habe noch ebenso bildkräftige wie emotionale Erinnerungen an die Landschaft, die jenen Teil von Florida in den Jahren charakterisierte, ehe die Golfküste zu dem dicht besiedelten, quasi städtischen Konglomerat wurde, das sie heute ist.

Die Küstenregion von Florida war damals weitgehend so, wie man sich das vorgestellt und wie es den Leuten vermutlich gefallen haben dürfte – Leuten, die wie die Familie meines Vaters aus Virginia und wie die Familie meiner Mutter aus Tennessee nach Süden gezogen waren, um an einem der kleinen Wirtschaftsaufschwünge teilzuhaben, die in den Vierzigern, Fünfzigern und Sechzigern das Wachstum ankurbelten und in der gerade entstehenden Stadtlandschaft an der Küste für Arbeitsplätze sorgten. In jenen längst vergangenen Tagen war Florida, wie ich es in Erinnerung habe, ein Reich tanninschwarzer Flüsse und kristallklarer Quellen; üppiger, unverschmutzter Austernbänke im zwei Fuß tiefen Wasser von Buchten und Flussmündungen; roter, hier und da über den Königspalmen und Mangroven sichtbarer Ziegeldächer, die auf weiße Strände blickten, zugänglich über Bogenbrücken, die in den magischen Stunden vor Sonnenuntergang stets mit Anglern bevölkert waren, die Barsche, Schnäpper und Sergeantfische heraufholten. Meine stärkste Erinnerung aus meiner frühen Kindheit in Florida ist die Farbintensität in und über dem Wasser, wenn Wolken ostwärts über den Ozean fegten und Nachmittagsschauer brachten, die mit ein paar vom Wind herangeführten Tropfen beginnen konnten, um sich dann zu jähen Güssen zu verstärken, welche die Straßen, die Bürgersteige, die Rasen und Tennisplätze, die ganze Welt, so schien es mir, überfluteten, ehe sie sich irgendwann, nach wenig mehr als ein, zwei Stunden, landeinwärts verzogen. Oft färbte bei Stürmen ein grünlich schattiertes Licht den subtropischen Himmel über Siesta Key, erfüllte die Palmwedel und die Blätter der Bäume mit einem noch leuchtenderen Grün, verlieh jedoch dem Golf und der Bucht, in deren flache Dünung unentwegt Möwen und Pelikane eintauchten, einen satten, fast olivenfarbenen Ton, wie ich ihn bei Wasser nirgendwo sonst gesehen habe.

Aber was ist nun mit meinem wortkargen Großvater und seinem wortkargen Bruder? Der Legende zufolge bogen sie auf einer jener gemächlichen Pilgerfahrten nach Titusville oder Arcadia zu einem jener allgegenwärtigen Verkaufsstände an der Straße ab, die Vogelbäder aus Gips und Kopien griechischer und römischer Statuen an Migranten und Rentner mit Größenwahn verkaufen. Mit so wenig Worten wie möglich fragten die Brüder den Besitzer, was sein Warenbestand seiner Meinung nach in barem Geld wert sei. Der Besitzer sagte ihnen, er schätze, der gesamte Bestand dürfte so um die vierzig Dollar wert sein. Ohne ein weiteres Wort zückten die Brüder die vierzig Dollar, jeder eine Zwanzigdollarnote, für Arbeiter in den Jahren unmittelbar nach dem Zweiten Weltkrieg ein gewaltiger Betrag. Sie ließen den Wagen an, fuhren wortlos knapp fünfhundert Meter die Straße hinunter – ich weiß nicht, wer von ihnen, Robert oder Frank, am Steuer saß –, wendeten, fuhren den Highway zurück, lenkten den Wagen in die Grundstückseinfahrt und pflügten in bemerkenswert langsamem Tempo durch die Statuen, die sie komplett vernichteten. Schwer zu sagen, wie diese Geschichte zu beurteilen ist, zumal keiner der beiden Brüder sonderlich redselig war; und deshalb frage ich mich, wer wem als Erster von dem Stand an der Straße, der brüderlichen Telepathie und den pulverisierten Vogelbädern erzählte. Ich finde die Geschichte schön.

Alles in allem hatte Bob – oder vielleicht sollte ich Eldridge sagen – wahrscheinlich nie optimale Überlebenschancen. Zusätzlich zu den Schwierigkeiten, denen er vonseiten eines exzentrischen Vaters und einer gebieterischen Mutter ausgesetzt war, musste er auch noch mit seinem älteren Bruder, meinem Vater, konkurrieren. Aus Geschichten, die meine Mutter von meinem Vater als jungem Mann erzählte, ergibt sich das Bild eines einschüchternd beliebten und tüchtigen Studenten, eindeutig der Kategorie der höchst Vielversprechenden zuzurechnen und abgöttisch geliebt von seiner Mutter, die, endlich nach Florida umgezogen, Lateinlehrerin an der Sarasota High School wurde und von ihren Schülern den Spitznamen Old Caesar bekam. Und Eliza Antrim besaß denn auch in hohem Maße jene Art von nüchterner Reserviertheit, mit der urbane Menschen auftreten, wenn sie in einer Umgebung leben, die im Wesentlichen kolonial ist. Das Gleiche galt wahrscheinlich auch für Julius Caesar, der die Ordnung in den barbarischen Gefilden des Reiches mit dem Schwert aufrechterhielt. Doch im Gegensatz zu den Untertanen des historischen Caesar bewegten sich die Schüler meiner Mutter irgendwann im Leben weiter und entkamen ihrer Herrschaft. Sogar mein Vater, der Professor, also professioneller Intellektueller wurde und so teilweise die Träume erfüllte, die sie von ihm hatte, war imstande, zu heiraten, Kinder zu haben und sich ein von seiner Mutter getrenntes Leben aufzubauen. Mein Onkel dagegen blieb lebenslang ihr Vasall.

Im Folgenden einiges von dem, was ich weiß: 1958, mit achtzehn, ging Eldridge von zu Hause weg, um an der University of the South in Sewanee, Tennessee, Literatur und Kunst zu studieren. Er malte und zeichnete, doch von seinen Arbeiten aus dieser oder irgendeiner anderen Periode seines Lebens hat nichts überdauert. Nach dem College zog er nordwärts, nach New York, wo er sich in einer Wohnung in den East Seventies einmietete und im Management-Trainingsprogramm des Manufacturers Hanover Trust einschrieb. Dass er vorhatte, als Künstler davon zu leben, dass er Vizepräsident einer Bank wurde, ist unwahrscheinlich. Offenbar machte er Schulden, verbrachte Abende in den Bars in der Second und Third Avenue und rasselte bei dem Trainingsprogramm entweder durch oder schmiss einfach hin, jedoch nicht, ohne zuvor in seinen Seminaren über das Kunden- und Handelsbankgeschäft die Liebe seines Lebens kennen gelernt zu haben. M. war – und ist – eine schöne und intelligente Frau, die noch bis vor kurzem erfolgreiche Bankerin war. Dass mein Onkel nach seinem rapiden Ausscheiden aus der Konzernkultur Taxifahrer und Türsteher auf der Upper East Side wurde, schreckte sie nicht ab; wie so oft, wenn man einem geliebten Menschen, der im Begriff steht zu scheitern, innig zugetan ist, sah sie in ihm zweifellos eine Version seiner selbst, die für immer als Möglichkeit bestehen blieb.

Ich habe M. von einer Reise meiner Familie nach New York in Erinnerung, als ich zehn und meine Schwester neun war; und ich erinnere mich an meinen Onkel in seiner Wohnung, einen Ort, an den ich häufig denken musste, als ich schließlich selbst in New York lebte, in meiner eigenen kleinen, spärlich möblierten Wohnung, nur wenige Häuserblocks von der Straße entfernt, in der er zwanzig Jahre zuvor gewohnt hatte. Höhepunkt jener Reise war, mit Gutscheinen – Geschenken von Onkel Eldridge – in den Händen, ein Besuch bei F. A. O. Schwarz, dem größten Spielwarengeschäft der Welt. Nach langem Stöbern und Überlegen (und vielleicht im Bewusstsein dessen, dass mein Onkel den Traum hatte, eine Pilotenausbildung zu machen und Jumbo-Jets zu fliegen) entschied ich mich für eines jener Plastikflugzeuge, die, von einem laut summenden Motor angetrieben, im Kreis um den «Piloten» herumfliegen. Es war ein billiges Spielzeug, das abstürzen und zerschellen sollte: Sobald mein Vater es in der Luft hatte (ich selbst habe das Ding nie geflogen), verhedderten sich die Steuerdrähte und wurden unbrauchbar, sodass das Flugzeug jäh abwärts sauste und mit der Nase voran auf dem Boden aufschlug.

Jedenfalls trat M. damals sehr stark in Erscheinung, und meine Schwester und ich löcherten sie und Eldridge erbarmungslos wegen ihrer Heirat – warum waren sie nicht *verheiratet*? –, eine Frage, mit der wir sie auch in den kommenden Jahren bedrängten, selbst nachdem unser Onkel seine Zelte in New York abgebrochen hatte, planlos die Küste abwärts gezogen und schließlich nach Florida zurückgekehrt war, um in seinem Elternhaus zu leben, in einem winzigen, holzgetäfelten Raum, voll gestopft mit Schusswaffen und Munition, britischen Romanen, allen möglichen Sportgeräten, antiken Spielzeugsoldaten, zur Schau gestellt auf staubigen Regalen, einem kurzen und schmalen Bett mit karierter Decke und, vom Bett aus leicht zu erreichen, Stapeln alter Nummern der gleichen Zeitschriften, die er auch im Kofferraum seines Wagens aufbewahrte – Auto, Flugzeug, Tauchen, Golf, Tennis, Schusswaffen, Bogenschießen und *Playboy*.

Es mag sein Zimmer gewesen sein, das mir als Teenager in Miami die Lebensweise meines Onkels so anziehend erscheinen ließ. Alles daran erschien mir begehrenswert, wohl deshalb, weil es sein Reich war und weil alles, was er tat, von jugendlichen Freuden zeugte. Er schuf die Illusion, er sei sein eigener Herr und frei.

Ich war dreizehn, als ich anfing, mit dem Bus durch die Everglades zu fahren, um ihn zu besuchen. Ich pflegte am Fenster zu sitzen und in den schwarzen Kanälen neben dem Highway nach Alligatoren Ausschau zu halten, während in weiter Ferne durch Blitzschlag entfachte Brände das trockene Gras und die verkümmerten Kiefern verzehrten, die in dicht gedrängten Grüppchen wuchsen, wie unzählige winzige Inseln, die sich aus den seichten Gewässern südlich von Naples erhoben. Zu dieser Zeit, um 1972, war mein Großvater Robert Antrim gestorben, und mein Onkel hatte mehr oder weniger sämtliche irgendwann vielleicht einmal gehegten Träume von einem Leben in einiger Entfernung vom Haus seiner Mutter aufgegeben Die Trinkerei meiner Mutter hatte ein Ausmaß erreicht, das sich am treffendsten als opernhaft selbstmörderisch bezeichnen lässt, und sie und mein Vater – verheiratet, geschieden und erneut miteinander verheiratet – führten allnächtlich ihren Krieg. Meine Schwester hatte damit begonnen, sich durch eine akademische Karriere zu retten. Ich hatte damit begonnen, überall durchzurasseln. Unsere Siamkatze fraß irgendeine giftige südamerikanische Kröte und bekam davon Anfälle, die sie umwarfen und in heftige Zuckungen versetzten. Die andere Katze hatte das Alter erreicht, in dem Erbrechen chronisch wird.

Und als mitten in der Nacht meine Mutter schwankend in mein Zimmer kam, halb weggetreten, das Gesicht umkränzt mit grauem Rauch aus ihrer Zigarette, fix und fertig von Bourbon und Weißwein; und als sie die Hand hob, um zuzuschlagen, und ich ihren Arm mühelos abwehrte, dann vortrat und sie rasch festhielt, ehe sie ins Stolpern kam; als ich, während ich meine Mutter festhielt, an ihr vorbeischaute und meinen Vater sah, der uns aus den Schatten vor meinem Zimmer beobachtete und flüsterte, das alles tue ihm leid – als solche Dinge passierten, kam irgendwann der Punkt, an dem jedes Gefühl, oder was immer es ist, was wir Gefühl nennen, in mir zerbrach. Es stimmt zwar, dass ich Zorn empfand und Scham und Angst – diese Emotionen, mit denen ich noch heute lebe, mehr als dreißig Jahre nach meinen einsamen Pilgerfahrten in die Freizeitwelt von Onkel Bob –, es stimmt aber auch, dass ich überhaupt nichts fühlte. Und um dieses Gefühl, das kein Gefühl war, mit jemandem zu teilen, um mit einem anderen Menschen zusammen zu sein, einem Mann, so wird mir heute klar, der dem Mann glich, der ich eines Tages werden könnte, dem gefühlsleeren Mann, stieg ich in einen Bus.

Der Bus beförderte mich vorbei an Frog City und den Siedlungen der Miccosukee-Indianer, all diesen Vergnügungsparks für Ringkämpfe mit Alligatoren, diesen Außenposten mit Luftkissenbootvermietung. Bei Naples veränderte sich die Landschaft, und der Bus fuhr die einer einzigen Vorstadt gleichende Golfküste hinauf, hielt in Fort Myers, Punta Gorda, Port Charlotte und anderen Nichtstädten ohne Zentren, deren Namen ich nicht mehr weiß, fuhr weiter nach Norden in Richtung Venice, Wohnort von Zirkusleuten im Ruhestand, kam dabei über eine Brücke nach der anderen, über schmale Kanäle und Hunderte von vermurten Motorbooten hinweg, ehe er schließlich, nach einer in der Erinnerung endlos anmutenden Fahrt, in Sarasota ankam, der Stadt, wo ich geboren bin und wo mich mein Onkel, sonnenverbrannt und nach English Leather und dem am Abend zuvor getrunkenen Bier riechend, am Busbahnhof erwartete, um mich mit der einen Frage zu begrüßen, die ich mir seither selbst zu beantworten versuche: «Was willst du machen?»

Wir setzten uns in den Wagen. Wir kurbelten die Fenster herunter. Wir machten das Radio an. Wir fuhren los. Kurz darauf stellte ich ihm die Frage, auf die ich mich jedes Mal freute, wenn ich ihn nach langer Zeit zum ersten Mal wieder sah.

«Eldridge, was isst du gerade?»

«Schweinekoteletts.»

«Wie machst du sie?»

«Ich grille sie.»

«Was gibt's dazu?»

«Spinat.»

«Was noch?»

«Reis.»

Oder:

«Grüne Bohnen.»

Oder:

«Pommes.»

Das Ganze funktionierte so, wie er häufig erklärte – und er musste es immer wieder erklären, weil die Leute es so gern hörten –, dass er sich, wenn er ein Menü aß, das jeweils einen Monat lang das gleiche Hauptgericht enthielt (Muscheln, Spaghetti, Schweinekoteletts, Kalbfleisch, Flunder), aufs Jahr gesehen ausgewogen ernährte.

Wenn man heute auf dies alles zurückblickt, fällt es leicht, die Verzweiflung und panische Angst zu erkennen, die der Fixierung meines Onkels auf Autarkie, auf umfassendes Vorbereitetsein zu Hause und in seinem Auto innewohnten – besonders in seinem Auto, einem viertürigen Spritschlucker, nicht unähnlich einer Schrottmühlen-Version der Autos, die der Vater meiner Mutter fuhr, ein Auto, das sich in jeder Hinsicht von demjenigen unterschied, das in einer bestimmten Phase in der Jugend meines Onkels seine Begeisterung für das Leben verkörpert hatte. Dieses Auto war ein sexy kirschroter Triumph TR 3 mit einem Lenkrad aus Walnussholz und einer durchgerosteten Stelle im Boden vor dem Beifahrersitz, Folge der Salzluft und des Wetters von Florida, die den Mitfahrer zwang, die Füße extrem vorsichtig zu platzieren, zumal das Chassis des Triumph ziemlich tief auf der Straße lag. Ich war erst sieben oder acht Jahre alt, als Eldridge mit mir Fahrten in diesem Auto unternahm. Während er beschleunigte und die Tachonadel zu zittern begann, beugte ich mich vorsichtig nach vorn und nach links, um auf Aufforderung meines Onkels nach dem Lenkrad zu greifen und das Auto auf den Straßen von Sarasota ein gerades Stück entlangzusteuern.

Aber zurück zur Geschichte von Eldridge und seinen Sachen. Jeden Morgen ging er zum Carport und machte den Kofferraum des Wagens auf. Er stand vor den darin verstauten Sachen, schichtete und räumte seine Gerätschaften um, ersetzte verschwitzte Tennisklamotten durch saubere, perfektionierte insgesamt die Dynamik des Packvorgangs, während im Haus seine weißhaarige Mutter, die oft die ganze Nacht herumgeisterte, vom Schlafzimmer durchs Wohnzimmer auf die Veranda und in die Küche tappte und sich Gedanken darüber machte, ob ihr Sohn und ihr Enkel wohl ein bisschen was frühstücken würden, ehe sie sie den Tag über allein ließen, um Unfug zu treiben, Tennis zu spielen und sich mit den Freunden von der Canada-Dry-Laderampe draußen am Flughafen zum Billard zu treffen.

Sobald er sich vergewissert hatte, dass alles in Ordnung war, dass wir alles hatten, was wir womöglich brauchen würden, falls, sagen wir, die Welt explodierte und alles Leben außerhalb unseres Autos ausgelöscht wurde, fuhren wir los. Woraus bestanden unsere gemeinsamen Tage? Rückblickend würde ich sagen, sie bestanden aus Verlangen. Wir kannten strukturierte Beschäftigungen wie Tennis – noch hatte ich mir die Schulter nicht mit meinem selten genau kommenden, erratischen und doch explosiven Überkopfaufschlag, dem theatralischen Service eines wild drauflos dreschenden Jungen, ruiniert – und weniger formelle Freizeitbeschäftigungen: in Lebensmittelgeschäfte gehen, um Vorräte zu kaufen, über eine der stark frequentierten Brücken fahren, die nach Siesta Key und zum Strand führten, Richtung Norden fahren und bei Joel vorbeischauen und hinterher bei Roger Halt machen. Beim Tennis kam stets der Punkt, wo vom Golf her die schwarzen Wolken aufzogen und der Regen herabrauschte, sodass alles von den Plätzen flüchtete und Wasser trank. Dann wurde der Himmel ebenso plötzlich wieder klar und die Welt laut vom Gekreisch der Möwen und dem Geplapper der kleineren Vögel. Die Sonne kam heraus, und wir setzten, darum bemüht, Pfützen auszuweichen, das Spiel da fort, wo wir es unterbrochen hatten. Nach dem Spiel gingen wir auf den Parkplatz, und mein Onkel öffnete den Kofferraum seines Wagens.

Der Kofferraum, so sehe ich es heute, war ein physisches Magazin, eine Art Lager oder Arsenal, in dem mein Onkel Aspekte seiner selbst verbarg, die im Lauf der Jahre zu verbotenen, verleugneten, historischen, vergessenen wurden. Die Dinge im Kofferraum waren Symbole für alles, was uns in unserem Leben – seinem und meinem – eines Tages genommen werden könnte, Totems, die Sex und Sport, Musik und Arbeit, Essen und Trinken, ja sogar Reden und Lachen repräsentierten. Gemeinsam standen mein Onkel und ich, die Hände in den Taschen, auf dem Parkplatz und starrten die Stücke des Lebens an, nach dem es uns verlangte; und gelegentlich griff ich dann hinein und nahm etwas heraus, beispielsweise ein Kleidungsstück oder Eldridges zerlegte Angelrute in ihrem Etui. Ich hielt den betreffenden Gegenstand in der Hand und bewunderte ihn, dann legte ich ihn wieder an seinen Platz zurück, worauf Eldridge den Kofferraum zumachte und wir an die Seiten des Wagens traten, die Türen aufmachten und einstiegen. Unsere Gespräche waren perfekt. Jedes Mal, wenn ich – in einer Sprache, die mal mit der Schule, mal mit zu Hause zu tun hatte – zu ihm sagte, dass mir nichts mehr am Leben liege, nickte er und schlug vor, wir sollten nach Siesta Key rausfahren und am Strand schwimmen gehen, ehe die Sonne unterging.

Am letzten Tag, den ich je mit ihm verbrachte, spielten wir Doppel mit Roger und Joel. Vom Platz aus konnten wir die Saratoga Bay und als violett erleuchteten Umriss vor dem roten Sonnenuntergang das muschelförmige Dach der Van Wezel Performing Arts Hall sehen, die wegen ihres Anstrichs auch als Lila Kuh bekannt war. Nach dem Spiel gingen mein Onkel und ich zum Wagen. Wie üblich spähten wir in den Kofferraum, stöberten darin herum und knallten ihn zu. Möglicherweise fragte ich Eldridge nach M. Hatte sie ihn besucht? Wollte sie kommen? Liebte er sie? Liebte sie ihn? Würden sie irgendwann heiraten? Warum nicht? Dann fuhren wir zu Joel, der in einer Siedlung in der Nähe von Bradenton wohnte. Kaum waren wir zur Tür hereingekommen, klingelte das Telefon. Joels Frau ging dran, legte den Hörer ab und sagte: «Bob, es ist deine Mutter. Sie will dich sprechen.»

Das passierte häufig. Binnen weniger Stunden, nachdem wir das Haus verlassen hatten, begann seine Mutter Nummern von Bars, Restaurants, Privatwohnungen und sonstigen Orten zu wählen, wo er zu finden sein könnte. Sie wollte wissen, wann er vorhatte, zu ihr zurückzukommen. Sie wollte wissen, ob er Bier trank. Sie wollte wissen, ob es spät werden würde. Sie wollte wissen, ob er ihr die Wahrheit sagte. Ich konnte ihn in Joels Küche in den Hörer sprechen, ihr antworten hören. «Ja, Don ist hier. Ja, es geht ihm gut. Nein, ich lasse ihn kein Bier trinken. Ja, er hat etwas gegessen. Nein, ich fahre nicht schnell. Nein, es wird nicht spät.» So ging das. Als wir mit Roger, Joel und Joels Frau in einem Kleinbus losfuhren, um auf dem riesigen Billardtisch – so ziemlich das einzige Möbelstück in Rogers Wohnzimmer oder vielmehr in Rogers ganzem Haus, soweit ich erkennen konnte – Billard zu spielen, klingelte dort wieder das Telefon, und wieder hörte ich meinen Onkel mit meiner Großmutter sprechen. «Ja, wir spielen Billard. Nein, wir wetten nicht um Geld. Keine Sorge, ich lasse ihn kein Bier trinken. Ja, wir kommen bald nach Hause.»

Etwa um diese Zeit lernte ich auch, ihn in Nachahmung seiner erwachsenen Freunde Bob zu nennen.

«Bob, was essen wir?», fragte ich ihn später an diesem Abend, nach dem Tennis- und Billardspielen, als wir zu dem Haus in der Fruitville Road gefahren waren, im Carport geparkt hatten und nach einem letzten prüfenden Blick in den Kofferraum die Welt des Autos verließen und in das Reich von Eldridge und seiner Mutter eintraten.

Die Herdlichter in der Küche waren an. Auf der anderen Seite des Hauses taperte meine Großmutter herum. Ich konnte sie in den Schatten sehen. In ihrem dunklen Schlafzimmer war sie in ihrem blauen Hauskleid ein fahler Schemen hinter einer Glasschiebetür mit Vorhängen, die auf die Veranda ging, wo ich auf einem Bettsofa schlief.

«Schweinekoteletts.»

«Was gibt's dazu?»

«Pommes.»

«Gut. Ist es schon Zeit für Johnny Carson?»

«Fast.»

«Soll ich den Fernseher anmachen?»

«Ja, mach ihn an», sagte er. Er kochte und kam dabei mit dem Grill und einer Gabel aus. Ich saß in seinem Zimmer, wo der Fernseher war, und glotzte in seine Zeitschriften. Mein Onkel, entsinne ich mich, hatte in seinem Zimmer stets ein bestimmtes Spiel für einen Einzelspieler, ein Labyrinth, im Wesentlichen ein Holzkasten mit einem beweglichen Deckel, auf dem sich eine Art Irrgang befand, durch den der Spieler eine Stahlkugel manövrieren musste. Mein Onkel konnte die Stahlkugel durch Drehen der Knöpfe sicher durch das Labyrinth bugsieren. Ich trank eine Limonade und spielte eine Zeit lang das Spiel, und mein Onkel machte sich noch ein Bier auf.

Eldridge war ein hoch gewachsener, schöner Mann. In der Sonne bräunte sich seine Haut zu einem rötlichen Ton, wie er für Leute von schottischer Abstammung typisch ist. Seine Stirn wies eine Narbe aus der Zeit auf, als er genau gegen die Zinke eines Gabelstaplers gelaufen war. Sein Bierbauch tat seiner Attraktivität keinen Abbruch. Er trug ein Goldkettchen. Er sah so aus, als hätte er sich auf den Poolpartys der Playboy Mansions, die in den Zeitschriften neben dem Bett dokumentiert waren, pudelwohl gefühlt.

Johnny Carson kam im Fernsehen. Wir balancierten beim Essen die Teller auf dem Schoß. Mein Onkel deckte seine Koteletts mit einer Schicht Pfeffer zu. Ich tat das Gleiche. Die Koteletts waren trocken und hart, der Pfeffer blieb nicht daran haften. Das Fernsehbild war verschwommen, fortwährend musste die Antenne neu ausgerichtet werden. Mir war bewusst, dass ich so sein wollte wie mein Onkel, und zugleich war mir bewusst, dass ich mir dessen gar nicht so sicher war. Ich beklagte mich bei ihm über meinen Vater, der absurderweise begonnen hatte, meine akademischen Aussichten, falls ich so weitermachte wie bisher, mit Sorge zu betrachten. Manchmal, wenn ich mich beklagte, verspottete mich Bob, weil ich nicht den Mut hatte, die Schule komplett hinzuschmeißen. Irgendwie muss ich gespürt haben, dass mein Onkel und sein Bruder einander ihr Leben lang nicht gut verstanden hatten. Bob und ich sahen zu, wie sich Carson mit einem Gast nach dem anderen unterhielt. Meiner Erinnerung nach war es der Abend, an dem der Komiker Steve Martin eingeladen war und Carson mit einem billigen Scherzartikel-Pfeil, der ihm im Kopf zu stecken schien, die Show stahl. Oder war es der Abend, an dem Martin die Nummer mit dem halben Bart zum Besten gab?

Ich stellte meinen Teller ab, stand auf und ging durch die offene Glastür auf die Veranda. Ich hörte Bob in seinem Zimmer, wie er sich auszog. Kurz darauf kam er heraus und stellte sich neben mein Bettsofa. Er hatte Boxershorts und ein T-Shirt an, und er machte sich über mich lustig, aber die Witzelei hatte mittlerweile den Punkt überschritten, an dem sie noch spaßig gewesen war, weil er so viel getrunken hatte.

Ich stand neben dem Bettsofa. Er stand neben mir. Er schubste mich leicht, und plötzlich fielen wir. Wir rangen auf dem Sofa miteinander. Er schob sich auf mich, und ich wand mich unter ihm. Ich lag auf dem Bauch, mein Onkel lag auf meinem Rücken. Er hielt meine Arme fest. Seine Bewegungen waren schwerfällig. Wir rangen miteinander, und dann rangen wir plötzlich nicht mehr miteinander. Er zwang mich, still zu liegen und ruhig zu sein. Ich roch den salzigen, verbrannten Geruch seiner Haut; ich roch seine warme Bierfahne, als er an meiner Wange ausatmete. Er hörte auf, sich zu bewegen, und ich hörte auf, mich zu bewegen.

Er atmete.

Ich atmete.

Breit lag er auf mir. Seine Brust drückte mich auf das Bettsofa. Sein Gesicht war neben meinem.

Wie lange verharrten wir so, gemeinsam atmend, auf dem ausgeklappten Bettsofa? Der Augenblick dauerte nicht lang. Die Zeit, die verstrich, war die Zeit, die unsere Freundschaft brauchte, um zu enden. Hatte er das Bewusstsein verloren? Wartete er darauf, dass ich etwas sagte? Konnte ich mich gefahrlos bewegen? Ich spürte sein totes Gewicht auf mir, und meine Gefühle, was ihn und seine Lebensweise anging, änderten sich. Ich erkannte, dass dieser Mann, der da auf mir lag, ein Betrunkener in Unterwäsche war, ein Mann, der Abend für Abend in einem Zimmer im Haus seiner Mutter das gleiche Essen aß, und ich hatte schreckliche Angst.

«Steh auf», sagte ich zu ihm. Er erhob sich. Er krabbelte von mir herunter. Ich sah zu, wie er sich hochrappelte und auf bloßen Füßen schwankend in sein Zimmer ging. Das Licht in seinem Zimmer erlosch. Ich hörte die

Federn seines kleinen Bettes quietschen; und in den Stunden, ehe ich einschlief, meinte ich seine Mutter, meine Großmutter, hinter den zugezogenen Vorhängen der Glastür zu ihrem Zimmer am anderen Ende des Hauses herumtapern zu sehen. Als ich klein war, hatte es einmal eine Zeit gegeben, da hatte ich bei ihr im Bett geschlafen. Aber in jener Nacht, nachdem Eldridge zu Bett gegangen war, kam mir das andere Ende des Hauses wie ein unendlich weit entfernter Ort vor.

Am nächsten Morgen sagte ich meinem Onkel, dass ich aus Sarasota wegmüsse. Ich sagte nicht warum, und ich weiß nicht, ob er es in gewisser Weise verstand. Ich sagte ihm einfach, ich müsse los. Er fuhr mich zum Busbahnhof. Er brachte mich auf den Bus, und ich nahm den Bus, der mit Stopps in den Städten auf der Strecke südwärts fuhr, den Tamiami Trail hinunter, vorbei an Naples, dann in südöstlicher Richtung über die Everglades. Nach langer Fahrt sah ich durch die Busfenster auf der rechten Seite die riesige Zementfabrik, die in jenen Tagen das Ende der Nachhausefahrt markierte.

Als ich sechzehn war, ging ich aus Miami weg und trat in ein Internat in den Ausläufern der Blue Ridge Mountains ein. Zwei Jahre später ging ich weiter nördlich aufs College, und vier Jahre danach zog ich nach New York, wo ich heute noch lebe. In jenen Jahren sah ich meinen Onkel nur ein paarmal. Meine Mutter bemühte sich in dem Jahrzehnt nach 1983, als sie trocken geworden war, mit ihm in Kontakt zu bleiben. Irgendwann zogen er und meine Großmutter aus dem Haus in eine kleine Wohnung. In dieser Wohnung starb Eliza dann, und er blieb allein zurück. Jahrelang arbeitete er als Hilfskoch in einem Restaurant auf Siesta Key. Er pflegte spät zur Arbeit zu gehen, nachdem das Restaurant schon geschlossen hatte, und bereitete bis zum Morgengrauen alles für die Köche vor, die am Vormittag kamen, um Lunch zu machen. Dieser Ablauf gefiel meinem Onkel, weil er ihn davor bewahrte, jemals andere Menschen sehen oder mit ihnen reden zu müssen. Er sagte meiner Mutter, er glaube nicht, dass er zu den Anonymen Alkoholikern gehen und mit dem Trinken aufhören könne, weil er Angst davor habe, sein Zorn werde ihn, wenn er ihn nicht mit Alkohol behandle, dazu bringen, jemandem etwas anzutun.

Mit zweiundfünfzig starb er. Meine Mutter erzählte mir später, dass er schwer abgemagert und gelb geworden sei, und am Ende habe er durch die Haut geblutet. Und sie erzählte mir eine Geschichte aus seinem letzten Lebensjahr, eine Geschichte von einer Frau, von der kein Mensch in unserer Familie etwas gewusst hatte.

Damals, als er noch ein Junge war, in jener grauen Vorzeit, als Robert Antrim Vogelbäder und Urnen kaputtfuhr, hatte Eldridge ein Mädchen gekannt, das auf einer Farm wohnte, die an den Besitz des Bruders seiner Mutter am James River, in der Nähe von Amherst, grenzte. Mein Onkel und dieses Mädchen waren zusammen ausgeritten. Das Mädchen verliebte sich in Eldridge und vergaß ihn nie. Wie Eldridge führte sie als Erwachsene ein Leben voller Probleme, wurde Alkoholikerin und vereinsamte. In dem Jahr vor seinem Tod machte sie ihn irgendwie ausfindig. Sie kam nach Sarasota, um für die Zeit, die ihm noch blieb, bei ihm zu sein. Sie versuchte ihn dazu zu bringen, dass er aß, und teilte ihm zu, was er trinken konnte. Sie war selbst todkrank, litt an einem Gehirntumor. Sie war dort – hatte sich in der Wohnung, die mein Onkel mit seiner Mutter geteilt hatte, häuslich eingerichtet –, als meine Mutter 1992 nach Sarasota fuhr, um vom Bruder ihres Exmannes, den sie im Geist der alten Tage gern Sam nannte, Abschied zu nehmen. Diese Frau, die keiner von uns kannte und die allein in der Wohnung war, sah, so die Geschichte, in dem Moment, in dem Sam starb – so berichtete sie später meiner Mutter, einem dankbaren Publikum –, wie quer über den Wohnzimmerboden eine Spur aus blutigen Fußabdrücken entstand. Ich weiß nie, was ich von derlei Geschichten halten soll oder von den Menschen, die sie erzählen. In Wahrheit ist es so, dass ich die Geschichte von den blutigen Fußabdrücken weder glaube noch in Bausch und Bogen abtue; zum Teil liegt das daran, dass ich finde, man sollte Eldridge eine denkwürdige Abschiedsgeste zugestehen, eine Geste der – ja, was? Einsamkeit? Die Frau aus Virginia wurde zur Hüterin seiner Asche, die sie nach Hause, nach Amherst mitnahm. Kurz danach starb auch sie. Jahre später erzählte mir meine Mutter, diese Frau von der Farm an dem Fluss in den Ausläufern der Blue Ridge Mountains habe einen Bruder gehabt, einen Mann, der tief in den Wäldern lebte und von dem es hieß, er sei gewalttätig. Meine Mutter vermutete, dass Eldridges Asche womöglich in die Hände dieses Mannes gefallen war.

Nach dem Tode seines Bruders fuhr mein Vater den Tamiami Trail nach Sarasota hinauf und räumte die Wohnung aus. Eine Trauerfeier fand nicht statt. Ich fragte meinen Vater, was aus Eldridges Gewehren und seinen Schallplatten, seiner Golf- und Tauch- und Tennisausrüstung geworden sei, und er sagte mir, an deren Stelle seien großkalibrige Handfeuerwaffen und riesige Mengen ungeöffneter Munitionsschachteln getreten; er habe sie aus dem Schlafzimmerschrank geholt, zum Waffengeschäft zurückgeschafft und den Besitzer überredet, sie zurückzukaufen.

TEIL 3

Im Herbst 1988, sechs Jahre nach dem Ende der zweiten Ehe meiner Eltern und vier Jahre vor Eldridges Tod, rief mich meine Mutter aus Miami an, um mir mitzuteilen, dass S., ihr Lebensgefährte, den sie vor ein paar Jahren bei den Anonymen Alkoholikern kennen gelernt hatte, in Kürze nach New York kommen werde. Zweck von S.' Besuch – seinem ersten seit Ende der Sechziger, als er sich in jungen Jahren ganz allein aufgemacht hatte, um Malerei und Zeichenkunst zu studieren, stattdessen jedoch dem Alkoholismus verfallen war und zumindest vorübergehend ein Wanderleben geführt hatte – war, wie mir meine Mutter erklärte, ein bestimmtes Gemälde ausfindig zu machen und, mit etwas Glück, zu authentifizieren, eine Landschaft, die damals – S. war ein aufstrebender Künstler und lebte in Manhattan – seine Phantasie gefangen genommen hatte.

«Gemälde? Authentifizieren?», fragte ich.

«Das soll er dir selber erzählen. Es ist seine Reise», meinte sie. «Bleib dran.» Und dann gab es ein Rascheln –

ihre flache Hand, die sich über die Sprechmuschel legte –, und ich hörte, wie sie S. in einem Bühnenflüstern, in dem das leicht Nasale ihres südappalachischen Tonfalls durchschlug, zuzischte: «Na los, sag Don, was du ihm zu sagen hast. Er hört dir zu.»

S. sprach überaus langsam und leise. Ich stand in der beengten, voll gestopften Küche der Wohnung auf der Upper East Side, die ich damals mit meiner Freundin K. teilte. Ich drückte den Telefonhörer fest ans Ohr und hörte, wie S.' leise, bange Stimme, eine Stimme, so stelle ich mir heute vor, die fast ganz aus *Atem*, aus Gehauchtem bestand, im qualvollen Tempo von ungefähr einem Wort pro Minute – faktisch übertreibe ich natürlich, nicht aber dem Sinne nach – sagte: «Äh …

… hallo …

… Don …»

«Was gibt's?», sagte ich.

«Nicht …

… viel …

… denk …

… ich.»

«Mom meint, du kommst nach New York», sagte ich rasch, indem ich versuchte, meine Worte so einzusetzen, wie ein englischer Bobby seinen Knüppel einsetzt, um Herumlungernde zum Weitergehen zu ermuntern.

«New York …», sagte er.

Und ich wartete.

«… Ja …», fuhr er fort.

Wir warteten. Und irgendwann, nach und nach, in rasend machender Bruchstückhaftigkeit, ergab sich eine Geschichte – die Geschichte des Gemäldes.

Das Gemälde, erfuhr ich, war alt, von rechteckigem Format, etwa eins zwanzig hoch und vielleicht sechzig Zentimeter breit. Es war mit einem wuchtigen, etwas überladenen Holzrahmen versehen. Soweit ich es mitbekam, gehörte das Werk dem Besitzer eines Brownstone-Gebäudes in Chelsea, einer Pension, die Zimmer an Männer vermietete, bzw. hatte ihm einmal gehört. Möglich, dass dieser Mann das Gemälde irgendwo in Europa oder Amerika gekauft hatte. Vielleicht hatte er es aber auch einfach gefunden.

Langsam, im Lauf vieler Minuten, erzählte mir der Lebensgefährte meiner Mutter in Miami, dass damals in der Pension downtown noch ein anderer Mann präsent gewesen sei. Aus irgendeinem Grund habe ich den Eindruck, dieser Mann sei mit einem Freund von S. verwandt gewesen; er war, glaube ich, einer von mehreren Cousins, der irgendwann einmal im Besitz des Gemäldes gewesen war oder etwas darüber zu wissen behauptete. Jedenfalls, dieser Mann habe sich daran erinnert, dass er einmal in einer Kunstzeitschrift eine Reproduktion des Werkes gesehen habe. An Titel oder Erscheinungsdatum der Zeitschrift oder auch den Inhalt des betreffenden Artikels habe sich der Cousin nicht mehr entsinnen können. Eigentlich habe er sich laut S. mit einiger Sicherheit nur noch daran erinnert, dass das Gemälde «bedeutend» war.

Aber in welcher Hinsicht? Das war die Frage, die bei S. zur fixen Idee werden sollte und wurde.

Fast fünfzehn Jahre lang war S. laut meiner Mutter die Ostküste hinauf- und hinabgezogen, hatte zur Untermiete gewohnt, getrunken und in Aushilfsjobs – Autolackiererei, Schildermalerei, Hausbau – gearbeitet, wie sie Leute in seiner Situation häufig annehmen. Irgendwann landete er wieder in Florida, wo er herstammte und wo er es nach wiederholten Versuchen – darin glich er meiner Mutter; der Schritt von der Niederlage zur Genesung bildete ein gemeinsames Band – geschafft hatte, trocken zu werden und zu bleiben. Er hatte sogar begonnen, zum ersten Mal seit seinem Ausscheiden aus der School of Visual Arts in New York wieder zu malen.

Ich habe eines von S.' Gemälden aus dieser Zeit, es hängt an der Wand meines Wohnzimmers. Wie alle Werke, die er malte, nachdem er sich den AA angeschlossen hatte und in die Eigentumswohnung meiner Mutter in South Miami eingezogen war, ist es mit seinem zweiten Vornamen «Craig» signiert. Es ist klein, hat in etwa das Format einer Langspielplattenhülle und stellt, wie zahlreiche Gemälde von S., eine Landschaft dar. Aber es ist nicht nach der Natur gemalt. Oder doch? Es zeigt, im Mittelgrund und zur rechen Seite hin versetzt, einen Berg mit Steilhängen, vorwiegend weiß und lavendelfarben, als wäre er mit blühenden Pflanzen bewachsen. Im oberen linken Vordergrund (von der Ecke ins Bild herabhängend wie dekorative Vorderbühnenelemente) finden sich einige fein gemalte Blätter, die beinahe urzeitlich wirken; weit rechts, vor dem Berg und einem blau-weiß-lavendelfarbenen Himmel, scheint aus einer unmöglich breiten und tiefen Schlucht eine einsame, unmöglich hohe und schmale Palme herauszuwachsen. Wenn ich das Bild mit seiner seltsamen Topographie, seiner Mondsichel an einem unnatürlichen Himmel und seiner Schwindel erregend verrutschten Palme betrachte, habe ich das Gefühl, dass an den Größenverhältnissen und der Position der einzelnen Gegenstände etwas nicht stimmt. Es stellt sich ein Effekt von Gestörtheit ein, sei es im Denken des Malers, im Auge des Betrachters oder in der Welt des Gemäldes. Und wenn ich über diese Gestörtheit nachdenke, habe ich das Gefühl, dass der Szene etwas fehlt – ein Tyrannosaurus Rex vielleicht. Dann bemerke ich auf eine Weise, die eher mit Gefühl als mit Beobachtung zu tun hat, die der Gestörtheit innewohnende Symmetrie, und mir wird klar, dass S. absichtlich und gekonnt, vielleicht aber auch durch Zufall, eine wahrhaft andere Welt gemalt hat, das heißt eine Welt, die sich von der unseren nicht nur kraft der imaginären Elemente, aus denen sie sich zusammensetzt, sondern auch in den Gesetzen der wie immer gearteten Natur unterscheidet, welche die räumlichen Beziehungen zwischen diesen Elementen bestimmt.

Doch was war nun mit dem anderen Gemälde, dem aus S.' Tagen als junger, in New York lebender Künstler? Für S. war dieses Gemälde in seinen unsteten Jahren ein Quell schöpferischer Betrachtung gewesen und ein Symbol dessen, was von dem Willen, seinen Lebensumständen zu entfliehen und als Künstler zu arbeiten, übrig geblieben war. Genauer gesagt, es hatte, glaube ich – zumal in der Zeit, als er, um einen in AA-Versammlungsräumen allerorts beliebten Ausdruck zu gebrauchen, ganz unten gewesen war –, als Symbol, vielleicht *das* spirituelle Symbol seines Verlangens zu leben gedient. Er hatte fast jeden Tag seines Lebens als Alkoholiker über dieses Gemälde nachgedacht und nachgegrübelt. Wenn er Farbe auf rostige Autos sprühte, wenn er Zimmermannsnägel einschlug, wenn er, ob in New York oder Florida, in einer Bar saß, dachte er über das Gemälde nach. Er dachte über den Mann nach, der als Erster von der Bedeutung des Gemäldes gesprochen hatte, und an den Zeitschriftenartikel, von dem er gehört, den er aber nie zu Gesicht bekommen hatte, und diese Gedanken führten zu weiteren Gedanken über die europäische und die amerikanische Maltradition, über die Kunstgeschichte im Allgemeinen und, so vermute ich, über all die berühmten Gemälde, die er nur aus Büchern kannte. Die Erinnerung an das bedeutende Gemälde in dem riesigen, schweren Holzrahmen – zu schweigen von der Fixiertheit auf den Gedanken, eines Tages seine sich langsam entwickelnden Ideen zur Provenienz des Gemäldes zu verifizieren – hatten ihn, so wurde mir in meinen Gesprächen mit S. und meiner Mutter klar, am Leben erhalten.

«Wofür hältst du es denn?», fragte ich ihn schließlich irgendwann während unseres Telefonats an jenem Tag im Jahre 1988.

«Tja …

… ich glaube …

… es ist …

… ein …

… da Vinci …»

«Ein was?», sagte ich.

«… ein Leonardo da Vinci», sagte er.

«Gib mir mal eben Mom, okay?», bat ich ihn.

«Hallo? Don?»

«Was ist da eigentlich los?»

«Er glaubt, das Gemälde könnte ein Leonardo da Vinci sein, Liebes.»

«Ich weiß. Ich hab's gehört.»

«Er möchte eine Woche in New York verbringen und der Sache nachgehen, und er möchte wissen, ob du ihm hilfst.»

«Ob ich ihm helfe?»

Und genau das tat ich dann auch. In gewisser Weise. Wenn man, wie ich es war – und noch bin –, das ängstliche Kind einer sprunghaften, kindlichen Mutter ist, lernt man, den Anschein zu erwecken, man hielte offensichtlich groteske Mitteilungen und Meinungen für realistisch und plausibel.

Außerdem lernt man vielleicht – aus Notwehr gegen die absurden, von schwachen, unglücklichen Eltern hervorgerufenen Enttäuschungen – die derbe Kunst des Sarkasmus. «Wann will er denn mit seiner Gralssuche loslegen?», fragte ich meine Mutter, und sie setzte mich ins Bild. Etwa einen Monat später mietete sich S. – und hier wird die Geschichte etwas nebulös – vorübergehend bei einem der vorerwähnten Cousins ein, dem Mann nämlich, der mittlerweile, nach dem Tod des Besitzers der Pension, in der S. das Gemälde zuerst gesehen hatte, im Besitz des Bildes war. S. fotografierte es umgehend, dann nahm er eine Schere und schnitt von der entlang dem inneren Rand des Keilrahmens eingeschlagenen Leinwand Proben ab. Mir erschien das wie ein Akt der Verstümmelung oder allermindestens der besitzergreifenden Aggression, der wahrscheinlich auch jedwedem für den Umgang mit alten Kunstwerken existierenden Protokoll zuwiderlief. Durfte man die Leinwand zerschneiden? Andererseits, was ging es mich an? Wieso sollte es mich kümmern, was S. mit irgendeinem Gemälde anstellte, das aller Wahrscheinlichkeit nach nichts weiter als ein Stück Trödel in einer Wohnung war?

Solche Fragen – wie überhaupt alle Fragen, die sich um S., meine Mutter und das Bild drehten – führten häufig zu Auseinandersetzungen zwischen mir und K. Lange bevor diese verrückte, kunsthistorische Familienangelegenheit ihren Anfang nahm, hatte K. gelernt, dass jedes Mal, wenn meine Mutter und ich – und sei es in völlig belanglosen Dingen – miteinander zu tun bekamen, Ärger für sie ins Haus stand, Ärger in Form von Streit zwischen uns. In jenen Jahren war ich fürchterlich ungeschickt darin, mit den Folgen meiner Loyalität gegenüber meiner Mutter zurechtzukommen, einer Frau, die konstitutionell außerstande war, sich aus den Angelegenheiten ihrer Kinder herauszuhalten und mit vermeintlich feindseligen

Angriffen – «Mom, glaubst *du* etwa, dass das Gemälde ein Leonardo da Vinci ist?» – gegen ihre nach ihrem Verständnis liberale und aufgeschlossene Weltsicht fertig zu werden. So ertappte ich mich wiederholt dabei, dass ich K. mit bissigen Kommentaren zu den Hirngespinsten meiner Mutter traktierte. Wenn K. mir in meinen negativen Bewertungen beipflichtete, drehte ich den Spieß gegen sie um und beeilte mich, meine Mutter zu verteidigen.

S. war unterdessen in Manhattan eingetroffen. Der Kreis hatte sich geschlossen. Ich erinnere mich, dass er mich und K. in unserer Wohnung in der Eighty-fifth Street besuchte. Ich weiß auch noch, wie ich mir das Gemälde mit ihm ansehen ging. Im Gedächtnis geblieben ist mir nicht so sehr, wie genau es aussah, sondern wie ich mich fühlte, als ich neben dem Lebensgefährten meiner Mutter stand, einem Mann, der es zu seiner Mission gemacht hatte, einen Leonardo da Vinci zu finden.

Soweit ich mich entsinne, sah das Gemälde verschmutzt aus. Es lehnte an einer Wand. Der geschnitzte, mit filigranen Formen verzierte Rahmen war, wie S. angedeutet hatte, wuchtig, ja erdrückend; er sah nach Mahagoni aus und hatte sich zu einem dunkleren Braun verfärbt, das ich mit Holzarbeiten zu assoziieren gelernt habe, wie man sie in viktorianischen Stadtvillen findet; Der Rahmen war so groß wie das Kopfbrett eines Bettes. Wäre er noch größer gewesen, hätte er als Tür dienen können. Das Gemälde selbst wirkte – gleichsam in diesem kastenartigen Rahmen gefangen – in sich nicht stimmig. Ich sollte vielleicht darauf hinweisen, dass ich damals praktisch keine Ahnung von Kunstgeschichte, ob europäische, amerikanische oder sonstige, hatte und dass das bisschen, was ich heute weiß, mich in keiner Weise dazu qualifiziert, ein Kunstwerk zu bewerten. Dies vorausgeschickt, machte das Gemälde nicht den Eindruck eines alten Meisters auf mich. Es sah – ungeachtet seiner Entstehungszeit – keineswegs nach einem eindeutigen Fund aus. Die untere Hälfte des Bildes zeigte einen felsigen Bach oder kleinen Fluss, der direkt auf den Betrachter zusprudelte. Entlang den Ufern wuchsen Bäume, und grüne Hänge zogen sich von der Bildmitte weg nach oben. Den Vordergrund beherrschten interessanterweise ein paar hohe, blattreiche Schilfrohre; auf einem saß ein Vogel – aus der Familie der Tauben? –, aus Gründen der Perspektive stark vergrößert. Der Himmel über dieser Naturszene war von strahlendem Glanz und nahe dem Horizont in einem fast weißen Ton gemalt, der mit zunehmender Höhe dunkler und grauer wurde, als hätte die unsichtbare Sonne gerade erst aufzugehen begonnen.

Aber irgendetwas an diesen rund geschliffenen Felsbrocken und dem über sie herabstürzenden Wasser kam mir nicht richtig vor. Die Farben, fand ich, wirkten sonderbar; die Bäume waren gespenstisch dunkel, während der Fluss hell schäumte. Das Licht in dem Gemälde, das Licht der nicht sichtbaren, wenngleich aufgehenden (möglicherweise auch untergehenden) Sonne, hatte seinen Ursprung im Hintergrund. Hätte der Bach im Vordergrund demzufolge nicht dunkler sein müssen? Und was war mit diesen belaubten, der südlichen Halbkugel zugehörigen Pflanzen? Was mit dem einen, dicken Singvogel? Insgesamt wirkte die Szenerie auf leicht unangenehme Weise romantisch. Sie wirkte, fand ich, auf abstoßende Weise viktorianisch – genau wie der Rahmen. Ich musste unwillkürlich an Farbglas der Jahrhundertwende denken. Ich fand das Werk nicht schön.

Und dennoch muss ich zugeben, dass es auf mich wirkte. Jedes Mal, wenn ich daran denke, packt mich der Wunsch, es wieder zu sehen.

Doch alles, was ich betrachten kann, ist das Foto, das S. während seines Aufenthalts in New York gemacht hat, ein schlecht gezielter und trübe ausgeleuchteter Schnappschuss, abgezogen auf Kodakpapier. Neben dem Foto besitze ich ein paar Schnipsel der Leinwand, die S. vom Keilrahmen des Gemäldes abgeschnitten hat. Und ich besitze Kopien der Antworten, die S. von Kuratoren erhalten hat, an die er Erkundigungsschreiben und vermutlich auch Abzüge des Fotos geschickt hatte. Ein Antwortbrief, datiert vom 28. November 1988 und an die Adresse meiner Mutter in Miami gerichtet, stammt von der Frick Collection und empfiehlt, S. möge sich mit dem European Paintings Department des Metropolitan Museum of Art in Verbindung setzen. Der Brief ist eine deutliche Abfuhr. Wer kann es den Leuten von der Frick verdenken? Ein bislang unentdeckter Leonardo? Ein anderer Brief, von der New York Public Library, schlägt vor, S. möge sich an das Stevens Institute of Technology in Hoboken wenden und auf die dort vorhandene Leonardo-da-Vinci-Sammlung Bezug nehmen. Ein vom 9. Dezember 1988 stammender Brief von Sotheby's lässt wenig Neigung erkennen, das Werk zur Versteigerung anzubieten.

Was machte S. eigentlich?

Abgesehen davon, dass er Briefe an Museen schrieb, begab er sich in die Kunstbibliothek der Frick Collection in der Seventy-first Street, wo er Tage damit zubrachte, alte Kunstbände durchzublättern, in der Hoffnung, auf eine Abbildung zu stoßen, die mit dem Schnappschuss übereinstimmte, den er überall mit sich herumtrug. Mir gegenüber betonte er den Wert *alter* Kunstbände, mit der Begründung, dass das Gemälde – das seiner Theorie nach aus einer Privatsammlung gestohlen worden oder verloren gegangen war – früher womöglich in Umlauf gewesen sei. Als ich mich laut fragte, wieso er das Gemälde nicht in ein Taxi verfrachtete und es geradewegs zum Met schaffte, rechtfertigte er sich damit, dass es schließlich nicht ihm gehöre und er es nicht einfach durch die Stadt kutschieren dürfe. Außerdem genieße er es, diese alten Bücher in diesen faszinierenden Archiven zu durchstöbern, die, wie mir klar wurde, eine ganz andere Welt waren als das vorstädtische Miami und sein Leben als arbeitsloser Künstler mit einer Unzahl von Jobs ohne Aufstiegsmöglichkeiten.

In Miami wartete meine Mutter auf Nachricht. Wir sprachen immer häufiger miteinander. «Hast du von S. irgendwas Neues über das Bild gehört?», pflegte sie mich zu fragen. Oder ich fragte sie: «Hast du von S. irgendwas Neues über das Bild gehört?» Aber ich bin mir nicht sicher, ob ich ihr jemals in aller Deutlichkeit gesagt habe, was ich von S. und seinen Ideen zu dem Bild hielt.

«Mom, kann ich dich mal was fragen?»

«Klar.»

«Warum lässt er das Bild nicht einfach von jemandem begutachten, der sich mit so was auskennt?»

«Don, es ist *sein* Projekt. Ich finde, wir sollten ihn die Sache auf seine Art angehen lassen. Für ihn ist das wichtig.»

«Das weiß ich. Nur ist seine Art nicht sehr effektiv.»

«Das wissen wir noch nicht.»

«Tja.»

«Das Ganze bedeutet ihm sehr viel, und er muss es auf seine Art erledigen, ohne sich hetzen zu lassen», sagte sie mir; und ich hörte ihrer Stimme die heitere Distanziertheit an, die so entscheidend ist, wenn man auf Dauer trocken bleiben will. Aber – und vielleicht sollte die Distanziertheit genau das verbergen – ich hörte noch etwas, das sehr nach Angst klang. Immerhin war sie S.' Partnerin. Sie war in sein Vorhaben verwickelt, ein Bild zu identifizieren, das zu einem der berühmtesten Gemälde der Welt werden könnte, wenn es ihm gelang, die Authentizität nachzuweisen. Meine Mutter hatte in den Jahren, nachdem sie trocken geworden war, eine beunruhigende Leichtgläubigkeit an den Tag gelegt, was Fragen geistiger und spiritueller Gesundheit anging. Bis 1988 war ich zum geübten Zuhörer ihrer Schilderungen von Workshops über Vergangenheits-Channelling, über radikale Formen von Astrologie, über das Sprechen in toten Sprachen geworden. Glaubte sie ernsthaft, dass ihr Lebensgefährte auf einen da Vinci gestoßen war? Oder sorgte sie sich eher um die Auswirkungen der fürchterlichen Enttäuschung, zu der es kommen könnte, wenn er jemals ernsthaft daran ginge, das Gemälde zu identifizieren?

Und was war mit mir? Warum machte ich diesen Unfug mit, rief Museen, Antiquariate und Kunsthändler an und fragte sie in S.' Namen, was man unternehmen könnte, wenn man von einem Gemälde wüsste, bei dem es sich möglicherweise um ein verloren gegangenes, unschätzbares europäisches Meisterwerk handelte?

Nach einer Hand voll demütigender Telefonate gab ich auf. Ich schaffte es einfach nicht. Ich wünschte S. viel Erfolg – er war inzwischen nach Miami zurückgekehrt – und bat ihn, mich über seine Fortschritte auf dem Laufenden zu halten. Die Schnappschüsse, die er mir gegeben hatte, legte ich zusammen mit den vergammelnden braunen Leinwandproben in eine Schublade. Ich versuchte, nicht mehr an das Problem mit dem Gemälde zu denken.

Ein Aspekt des Problems allerdings machte mir zu schaffen. Damals, als sie noch trank, hatte meine Mutter (nach Art vieler bestens funktionierender Alkoholiker, die eine Menge zuwege bringen) eine Collegeabteilung geleitet, die auf Kostümgeschichte, Mode- und Textildesign sowie Textilchemie spezialisiert war. Sie wusste, wie man eine Stoffprobe datierte. Und wenn sie selbst es nicht wusste, wusste sie, mit wem man sich zu diesem Zweck in Verbindung setzen musste.

Ich fragte sie danach. «Mom, kommt dir diese Leinwand so vor, als wäre sie ungefähr fünfhundert Jahre alt?»

«Das ist ganz schwer zu sagen, Don.»

«Was glaubst du denn?»

«Ich weiß es nicht.»

«Wie wär's, wenn du mit einem Stück davon zur University of Miami gehst, vielleicht kann dort jemand irgendwelche Tests damit machen.»

«Nein, das geht nicht.»

«Wieso?»

«Ich muss respektieren, dass das nicht meine Angelegenheit ist.»

«Du willst gar nicht dahinter kommen, stimmt's? Du willst es gar nicht wissen», sagte ich irgendwann zu ihr.

Höchstwahrscheinlich nahm ich gerade Kampfstellung ein, um einen Streit mit K. vom Zaun zu brechen, die sich in der ganzen Angelegenheit mehr als anständig verhalten hatte.

«Wie geht's deiner Mutter?», fragte K. zuweilen, wenn sie mich vom Telefon wegwanken sah wie jemanden, der aus einem Pokal mit über den Rand wallendem Rauch getrunken hat.

«Die spinnen doch! Alle beide! Leonardo da Vinci? So ein Scheiß!»

«Donald, du hast doch gewusst, dass das Ganze verrückt ist.»

«Ich weiß.»

«Wieso dann die Überraschung?»

«Es ist keine – es ist nicht so, dass es eine Überraschung wäre. Es ist keine Überraschung.»

«Okay? Und?»

Sie hatte nicht ganz Unrecht. Leider jedoch ist das Wissen um die Realität nachteilig in einer Situation, in der die Realität gar nicht zugelassen wird – oder vielmehr in einer Situation, in der die Gefühle und Ahnungen von Menschen, ihre Begierden und Gelüste als Realität dienen. In der sich entwickelnden Geschichte des Gemäldes – einer Geschichte nicht nur von Gefühlen und Ahnungen, sondern auch von hochfliegenden Träumen und Hoffnungen – verbarg sich, wie ich fand, die Geschichte meiner alkoholkranken Familie. Und diese Geschichte, hier erzählt durch die Geschichte eines verschimmelten alten Gemäldes, bei dem es sich bis zum Beweis des Gegenteils um einen Leonardo handeln *könnte*, war, dachte ich, eine Geschichte, in der es sich bei so gut wie allem, was im Leben je passieren konnte – bei allem, was morgen oder übermorgen oder tags darauf eintreten konnte –, bis zum Beweis des Gegenteils um das mirakulöse, alles verändernde Ereignis handeln könnte, das uns, wie ein großes Kunstwerk, der Erlösung näher bringt.

«Deine *Mutter*», sagte K. jedes Mal, wenn ich ein Telefonat beendete. Und dann seufzte sie.

Ein paar Jahre bevor S. seine Pilgerfahrt zu den Kunstbibliotheken von New York unternahm, stieg ich in ein Flugzeug und flog nach Miami, um meine Mutter zu besuchen. Es war eine Reise, der ich schon eine ganze Weile entgegengesehen hatte. In gewisser Weise hatte ich ihr wohl für den Großteil meines Lebens entgegengesehen. Meine Mutter und ich hatten uns darauf geeinigt, dass es an der Zeit war, uns über unsere Vergangenheit zu unterhalten. Genauer gesagt, sie hatte mich eingeladen, mich mit ihr an einen Tisch zu setzen und ihr zu erzählen, wie es in den rund zwanzig Jahren, in denen sie von Blackout zu Blackout gelebt hatte, gewesen war, ihr Kind zu sein.

Es war, soweit ich mich entsinne, die Thanksgiving-Woche. Meine Großeltern machten sich aus North Carolina auf den Weg. Sie, S. und ich trafen uns in der Wohnung meiner Mutter, um für ihre noch relativ neue Trockenheit Dank zu sagen, die bei aller Anfälligkeit gleichwohl schwer errungen war.

Ein, zwei Abende bevor die Feier stattfinden sollte, saß ich mit meiner Mutter und S. im Esszimmer. Ich muss damals siebenundzwanzig gewesen sein. Ich weiß noch – und ich hätte, was derlei Zeichen und Omen angeht, mehr auf Draht sein müssen –, dass die beiden auf Stühlen saßen, die vom Tisch weggezogen und bis hart an die Wand des Wohnzimmers geschoben worden waren. Ich dagegen saß auf einem improvisierten Platz ohne feste Koordinaten – in der fragwürdigen Mitte des Zimmers. So, wie die Szenerie sich darstellte, waren meine Mutter und S. wie Staatsoberhäupter platziert, die sich in offizieller Eigenschaft das Gesuch eines Bittstellers anhören. Aber sie waren auch ein Paar nervöser Alkoholiker, die mit dem Rücken zur Wand darauf warteten, angegriffen zu werden. Wie üblich rauchte meine Mutter wie ein Schlot. Ihr Aschenbecher, ihre Zigaretten, ihr Feuerzeug und ihr hellroter Becher mit Kaffee waren in Reichweite auf dem Tisch aufgebaut. Irgendwo in der Wohnung lauerte ihre flauschige weiße Katze mit der Hautkrankheit.

«Don, ich möchte dir sagen, dass ich weiß, dass du mir bestimmte Dinge sagen musst», sagte sie. Und ich fragte mich unwillkürlich, was *er* dabei zu suchen hatte. Sie beugte sich vor. «Dann mal los.»

«Ähm.»

«Ich vermute, du bist ziemlich aufgebracht und möchtest einiges wissen.»

«Ja.»

«In meinem Leben gibt es mittlerweile viel Gelassenheit, deshalb kann ich dir zuhören.» Sie wandte sich an S. «Stimmt's?»

«Ja …

… das …

… stimmt.»

«Bist du auch gelassen, Don?», fragte mich meine Mutter.

«Ich weiß nicht. Vielleicht. Ja und nein.»

«Das hört sich aber nicht nach Gelassenheit an.»

«Ich muss wohl noch daran arbeiten.»

«Du bist wütend.»

Ich seufzte. Die Sache ließ sich nicht besonders gut

an. Ich sagte zu meiner Mutter: «Eigentlich wollte ich bloß ein paar Sachen loswerden.»

«Ich höre.»

«Ich habe gehofft, dass wir uns unterhalten. Darüber, wie es war, als Terry und ich noch klein waren. Wie wir aufgewachsen sind.»

Aber was wollte ich ihr eigentlich sagen? Wie Furcht einflößend sie ausgesehen hatte, wenn sie betrunken war? Wie es gewesen war, nachts wach zu liegen und darauf zu warten, dass es im Haus still wurde? Oder dass ich, ihr Sohn, jeden Tag in der Angst gelebt hatte, niemals zu erfahren, wie man einen anderen Menschen liebte? Konnte man so etwas zu seiner Mutter sagen? Konnte man so etwas zu seiner gerade trocken gewordenen alkoholkranken Mutter sagen, während ihr gerade trocken gewordener alkoholkranker Lebensgefährte neben ihr saß?

Ich saß auf meinem Stuhl. Sie saßen auf ihren Stühlen. Keiner von uns, glaube ich, war gelassen. Überall an den weißen Wänden der Eigentumswohnung meiner Mutter hingen die gerahmten Art-déco-Drucke, die mein Vater ihr gekauft hatte, Modeillustrationen von Icart und Erté und eine größere Serie von Zeitschriftenfotos, wie sie Anfang der Zwanziger in einschlägigen französischen Magazinen erschienen waren. Die Fotos zeigten Frauen in unwahrscheinlichen Kleidern und riesigen Hüten; manche von ihnen führten die damals beliebten Hunde spazieren, Borzois und andere edlen Rassen. Das waren die Kunstwerke meiner Mutter. Sie entstammten einer Zeit und repräsentierten eine Reihe von Stilen, die sie liebte. Inzwischen habe ich das meiste davon – ungefähr ein Dutzend Stücke – in meiner Wohnung in New York, eingezwängt hinter Möbeln, an Wände gelehnt, sodass es nicht ohne weiteres zu sehen ist. Nach dem Tod meiner Mutter habe ich es eine Zeit lang mit einem der Icarts als Wandschmuck probiert, einer wunderschönen Illustration einer Frau, die sich in einem abgedunkelten Schlafzimmer auszieht. Ich hängte den Icart an prominenter Stelle über einem niedrigen Sofa im Wohnzimmer auf. Doch nach einer Weile konnte ich es nicht mehr ertragen, ihn anzusehen. Ich musste ihn abnehmen und wegräumen.

An jenem Abend in Florida, dem Abend im Esszimmer, sah ich meiner Mutter zu, wie sie ihre Zigaretten rauchte und ihren Kaffee trank. Ab und zu griff sie nach unten und machte mit der Hand winzige Lockbewegungen in Richtung der Katze, die weiter weg im Schatten stand, als wüsste sie nicht recht, ob es ungefährlich war, ganz ins Zimmer zu kommen. Mein Leben lang hatte ich zugesehen, wie meine Mutter Zigaretten rauchte und Kaffee trank. Allerdings niemals abends. Abends war es Jim Beam in einem großen Glas gewesen.

Sie sagte zu mir – und wieder hörte ich den nasalen südappalachischen Einschlag in ihrer Stimme – : «Alles, worüber du reden willst, liegt in der Vergangenheit.»

«Ich weiß.»

«Warum musst du in der Vergangenheit leben?»

«Ich lebe nicht in der Vergangenheit.»

«Doch. Du lebst in der Vergangenheit. Ich habe die Vergangenheit losgelassen. Ich lebe nicht in der Vergangenheit. Das mache ich nicht mehr.»

«Das verlange ich auch gar nicht von dir.»

«Komm nicht in *meine* Wohnung und attackiere *meine* Gelassenheit. Ich kann deine Feindseligkeit nicht gebrauchen. Wenn du etwas Konstruktives zu diesem Gespräch beizutragen hast, dann mach den Mund auf. Aber wenn du mich nur niedermachen und mit deiner Feindseligkeit auf mir herumhacken willst – das kann ich nicht gebrauchen. Du willst in der Vergangenheit leben, und du willst mich wieder in diese ganze Scheiße hineinziehen. Du bist wütend. Du bist wütend und feindselig.»

«Moment mal», bat ich. Und fuhr fort: «Erstens gibt es einen Unterschied zwischen Wut und Feindseligkeit.» Was für ein Fehler. Meine Mutter funkelte mich an, wandte sich dann ab und sah S. an, der zu Tode erschrocken schien. In einer Art Aufschrei sagte sie zu ihm: «Ich kann diesen Hass von meinem eigenen Kind nicht gebrauchen!»

Und zu mir sagte sie: «Du kannst dich als Familienmitglied positiv einbringen, oder du kannst aus meiner Wohnung verschwinden.»

Es dauerte nicht lange, und ich lag zusammengekrümmt und heulend auf dem Wohnzimmerteppich meiner Mutter. Ab und zu blickte ich auf und sah meine Mutter oder S. oder beide aus ihrem Schlafzimmer auf der anderen Seite der Wohnung hervorlugen. Es war, als hätten sie wie die Katze Angst davor, ins Zimmer zu kommen.

Hatten sie Angst davor, sich anzustecken? Sich an der Vergangenheit anzustecken? Die Vergangenheit war ich. Die Schlafzimmertür öffnete sich jedes Mal einen Spalt, Licht drang heraus, und in diesem Licht konnte ich ihre Gestalten unterscheiden. Meine Mutter sah in ihrem schlichten weißen Hauskleid groß und imposant aus. S. dagegen war klein, schmächtig und drahtig, ein dünner Mensch, dessen Gesten und Bewegungen wie seine Stimme (und die kryptische Signatur, die er auf seine eigenen Bilder setzte, und die planlosen Recherchemethoden, die er Jahre später anwandte, um das Gemälde in New York nur ja nicht richtig zu identifizieren) sein Bedürfnis verrieten, unsichtbar, unentdeckt und – wie der Schöpfer des Werkes, das für ihn zur fixen Idee wurde – unbekannt zu bleiben.

Ich entsinne mich nicht genau, was sich in der noch verbleibenden Zeit dieses fürchterlichen Trips nach Florida abspielte. Genauso wenig entsinne ich mich, an welchem Punkt mir die Gewissheit kam, dass S. und meine Mutter sich verschworen hatten, die Identität des Bildes im Dunkeln zu lassen. Mitte 1989 schien die Sache gestorben zu sein.

Dann, nach einer Zeitspanne, die mir sehr lang erschien, bekam ich einen Anruf. Es war S. Er sagte, er habe mir etwas Wichtiges mitzuteilen. Es betreffe das Bild, das, wie sich herausstellte, immer noch in den Händen eines der Cousins war. Er habe viel über das Gemälde nachgedacht. Übrigens sei er mir dankbar für meine Hilfe in den Monaten, in denen er sich bemüht habe, die Authentizität des Gemäldes festzustellen. Allerdings habe er sich, was das Bild angehe, geirrt. Nach eingehender Beschäftigung mit dem Problem sei ihm klar geworden, warum es ihm – *uns* – nicht gelungen sei, die Urheberschaft des Gemäldes zu ermitteln. Diese Erkenntnis habe ihm sehr große Qualen bereitet und zu einer gründlichen Gewissensprüfung geführt. Das Gemälde sei nicht das, wofür er es gehalten habe.

Von den vielen Gesprächspausen, die ich mit S. in jenen Jahren erlebte – den Jahren, bevor er aufhörte, zu den Anonymen Alkoholikern zu gehen, und aus dem Leben meiner Mutter verschwand –, schien mir dies die längste zu sein. Ich hielt mir den Hörer ans Ohr. Was wollte S. mir sagen?

«Ich …

… hätte …

… wissen …

… müssen …

… dass …

… es …

… kein …

… da Vinci …

… ist.»

«Aha», sagte ich.

«Ich …

… glaube …

… es ist …

… ein …

… Frederick …

… Church!»

«Wie bitte?»

«Frederick Church», wiederholte er.

Frederick Church? Der Maler der Hudson River School? Neunzehntes Jahrhundert? Dem dieses Herrenhaus im maurischen Stil mit Blick auf den Hudson im Norden von New York gehört hatte? Der für seine Landschaften berühmt war? Einige Zeit in Südamerika verbracht hatte? Vögel und andere Tiere gemalt hatte?

«Frederick Church», sagte ich zu S. «Danke, dass du mir das gesagt hast.» Und kurz darauf beendeten wir das Gespräch und legten auf.

K. und ich waren mittlerweile in eine andere, kleinere Wohnung auf der Upper East Side gezogen. Seit fast einem Jahr litt ich unter Depressionen, und unsere Beziehung – sozusagen auf einen Raum beschränkt, der viel zu beengt war, um Rückzugsmöglichkeiten oder aber eine bequeme Intimität zuzulassen – begann in die Brüche zu gehen.

«Er glaubt jetzt, dass es ein Frederick Church ist», sagte ich ihr, als sie später am Abend von der Arbeit nach Hause kam, die Wohnungstür zuknallte und ihre Schultertasche auf den Boden plumpsen ließ.

«Jacke wie Hose», sagte K., womit sie, wie ich fand, das eigentliche Wesen der ganzen seltsamen und traurigen Geschichte auf den Punkt gebracht hatte.

Und das hätte es dann wirklich sein müssen. Aber es kam noch mehr.

Über ein Jahr war vergangen, seit S. zum ersten Mal nach Norden gereist war, um sich das Gemälde anzusehen. Jetzt, Anfang Winter, kam er zurück. Er wohnte mehrere Monate lang in Manhattan, in einer Pension in Chelsea, einem Gebäude, so stelle ich mir vor, ganz ähnlich dem, wo die Geschichte vor Jahren ihren Anfang genommen hatte. Es muss für ihn so etwas wie eine Heimkehr gewesen sein. Kurz vor Weihnachten stieg meine Mutter in ein Flugzeug und flog zu einem einwöchigen Besuch nach New York. Zusammen hausten sie und S. in seinem Zimmer. Es gab kein Telefon; meine Kommunikation mit meiner Mutter beschränkte sich auf die Zeiten, zu denen sie es schaffte, den Winterwinden zu trotzen und zu einer Telefonzelle an der Ecke zu gehen. Weil sie wegen ihrer Raucherei unter Kreislaufstörungen litt, war das für sie eine Strapaze. Außerdem bekam sie allmählich Mühe mit dem Gehen. Tagsüber besuchte S. Galerien und Museumsbibliotheken. Natürlich kam nichts dabei heraus.

Ich hatte, wie ich mich erinnere, geglaubt, dies wäre eine gute Gelegenheit für meine Mutter und K., sich kennen zu lernen. Ich brachte es beiden gegenüber ins Gespräch. K. sagte, sie sei zu einer Begegnung mit meiner Mutter bereit, und meine Mutter brach geradezu in Jubel aus ob der Vorstellung, K. kennen zu lernen; sie hatte ein paarmal mit ihr gesprochen, als ich K. das Telefon in die Hand gedrückt und vorgeschlagen hatte, sie solle mal eben hallo sagen. Aber was dachte ich mir eigentlich dabei? Stellte ich mir vor, dass wir vier – meine unter einem Emphysem leidende Mutter, ihr passiv-aggressiver Lebensgefährte, meine Freundin, der es allmählich reichte, und ich – in ein Restaurant gehen und gemeinsam etwas zu essen bestellen würden? Malte ich mir aus, wir würden uns wie eine Familie an einen Tisch setzen und über Leonardo da Vinci und Frederick Church reden? Es wurde nichts daraus. K. und meine Mutter begegneten sich nie. Und ehe ich michs versah, hatte meine Mutter ihre Taschen gepackt und war nach Hause geflogen. Kurz darauf war auch S. verschwunden.

Diesmal allerdings hatte sich der Aufwand für ihn gelohnt. Von den Cousins, die zur einen oder anderen Zeit mit dem Gemälde zu tun gehabt hatten, waren zwei mittlerweile verstorben, und ein dritter – allerdings *nicht* der Mann, der den Zeitschriftenartikel über das bedeutende Bild gelesen hatte – hatte sich entschlossen, S. das Bild zu schenken. Wie ich von meiner Mutter erfuhr, hatte der Cousin sinngemäß Folgendes zu S. gesagt: «Sie sind der Einzige auf der Welt, der so verrückt ist, dass ihm an dem blöden Ding was liegt. Nehmen Sie's.»

«Was hat er eigentlich damit vor?», fragte ich meine Mutter bei einem unserer Ferngespräche. Das war – vermute ich – irgendwann Ende 1990 oder Anfang 1991.

«Ich weiß nicht, Don. Er sagt, er gibt es in ein Lager für Kunstwerke. Er weiß nicht, was er sonst damit machen soll.»

«Glaubt er immer noch, dass es ein Frederick Church ist?»

«Das musst du ihn selbst fragen.»

Im Sommer 1991 zog ich aus der Wohnung aus, die ich mit K. teilte, und ließ mich eine Zeit lang von Ort zu Ort treiben. Eine Weile wohnte ich in einem kleinen Zimmer zur Untermiete. Ungefähr zu dieser Zeit packte S. in Miami seinen Kram zusammen und zog aus der Wohnung meiner Mutter aus. Meine Mutter sagte mir später, er habe wieder zu trinken angefangen; er sei in keiner guten Verfassung. Ab und zu lief sie ihm bei AA-Treffen über den Weg – er schien sich sporadisch an deren Programm zu beteiligen – oder telefonierte mit ihm. Bei einem Gespräch mit mir sagte sie, er habe einen Job in einem Farben- und Eisenwarengeschäft in einem anderen Teil der Stadt angenommen, wo er Fassadenfarben mische. Ein andermal erzählte sie mir, er arbeite als Schildermaler. Eine Adresse habe sie nicht von ihm, sie glaube jedoch, dass er irgendwo draußen am Miami Beach wohne. Irgendwann sagte sie mir, sie halte es für möglich, dass er in seinem Auto schlafe. Jedenfalls sehe er nicht so aus, als bekäme er viel zu essen. Er sei oft betrunken, komme sogar betrunken zu AA-Treffen. Er sehe schlecht aus. Sie rechne nicht damit, dass er noch lange lebe. Sie rechne nicht damit, ihn noch allzu oft zu sehen.

Die Sache mit dem Gemälde war, was mich betraf, inzwischen endgültig erledigt. Eines Tages jedoch bekam ich einen Anruf – eine weitere Aktualisierung – von meiner Mutter. Wie es schien, war S., soweit ich mich an ihre Geschichte noch erinnere, in Miami Beach in eine Bar gegangen, wo er mit zwei Ausländern – vielleicht war es aber auch nur einer – ins Gespräch gekommen war. Die beiden Männer – oder der Mann – behaupteten, sie hätten Beziehungen zu Kunsthändlern im Ausland, vielleicht in Holland. Nach einer Weile nahm S. seinen Mut zusammen und zückte das Foto von dem Gemälde. Aus der Schilderung meiner Mutter gewann ich den Eindruck, dass S. seine Gedanken zur Identität des Bildes für sich behielt; vielmehr nahm er einfach nur das Foto aus seiner Brieftasche, reichte es den Männern und wartete auf eine Reaktion. Die Reaktion bestand in höchstem Erstaunen. Wo S. das Foto herhabe. Ob er es selbst aufgenommen habe. Wo sich das Bild befinde. Ob S. es mit eigenen Augen gesehen habe. Ob er über seinen Verbleib Bescheid wisse. Ob ihm die Bedeutung dieses Fundes klar sei.

Laut meiner Mutter teilten die Männer S. mit, dass es sich ohne jeden Zweifel um ein Werk des amerikanischen Malers Frederick Church handele. Es habe, hatte S. ihr erzählt, zu einer Sammlung in Europa gehört, sei Anfang des Jahrhunderts, möglicherweise zwischen den Kriegen, verloren gegangen und habe seither als zerstört gegolten. So weit das, was sie mir berichtete.

«Mein Gott!», sagte ich an jenem Tag am Telefon zu meiner Mutter.

«Was sagst du nun?», rief sie aus, als wäre die Sache mit dem Gemälde damit geklärt.

Ich sagte: «Ist das dein Ernst? Glaubst du das etwa? Was will er denn jetzt mit dem Bild machen? Wo ist es überhaupt? Immer noch eingelagert? In was für einem Lager? Einem dieser Freiluftschuppen? Der Schuppen ist ja wohl hoffentlich wasserdicht, oder? Moment mal.

Gehört ihm das Gemälde überhaupt? Ist es versichert? Haben diese Typen in der Bar etwas über seinen Wert gesagt? Welche Bar war das eigentlich? Woher sollen wir wissen, dass das überhaupt stimmt? Ein *Church*? Ich glaube einfach nicht, dass das ein Church ist. Scheiße. Was hat S. sonst noch gesagt?»

«Ich weiß nicht. Ich weiß auf deine Fragen keine Antwort. Ich weiß nur das, was ich dir erzählt habe», sagte meine Mutter; und ich sagte, auf S. gemünzt: «Wie um alles in der Welt kommt er nur damit zurecht?»

«Ich habe dir doch gesagt, ich weiß es nicht, Don.»

«Wohnt er noch draußen am Strand?»

«Ich glaube schon.»

«Trinkt er?»

«Ja.»

«Das tut mir leid.»

«Ich weiß. Mir auch.»

«Ist da gar nichts zu machen?»

«Don, ich habe getan, was ich kann. Er ist jetzt in Gottes Hand. Er ist in Gottes Hand.»

Im August 1992 traf der Hurrikan Andrew mit Böen von Orkanstärke auf die Südspitze Floridas. Der Sturm pflügte sich durch Miami und verursachte Schäden in Millionenhöhe. Die Eigentumswohnung meiner Mutter wurde zerstört – die vom Atlantik heranbrausenden Winde nahmen eine ganze Außenwand auseinander und rissen sie mit sich fort. Überall in den Vierteln, in denen ich als Teenager gewohnt hatte, wurden Straßen, Häuser und Geschäfte in Trümmer gelegt.

Meine Mutter erzählte mir, dass das Lager, in dem S. seinen Frederick Church deponiert hatte – mittlerweile ist mir klar, dass ich mir angewöhnt hatte, das Gemälde als sein Besitztum anzusehen; und eingedenk dessen und aufgrund von Äußerungen Dritter, übermittelt durch Kanäle, die ich aus langer Erfahrung als unzuverlässig kannte (S. und meine Mutter), hatte ich mir angewöhnt, das Bild als echten Church zu betrachten –, das Lager, sage ich, war laut meiner Mutter schwer beschädigt worden. Es gab, wie mir meine Mutter meiner Erinnerung nach sagte, keine Hoffnung, dass irgendetwas von dem Gemälde übrig war. Jahrelang stellte ich mir vor, dass es vernichtet worden war. Es war aufs Meer hinausgefegt oder die Küste hinaufgeweht worden, oder es war in den Sümpfen der Everglades versunken.

Aber stimmte das überhaupt? War das Gemälde wirklich dahin?

Im Sommer 2003 machte ich einen Versuch, S. zu finden. Ich nahm an, dass er verstorben war, wusste es jedoch nicht mit Sicherheit. Meine Suche führte mich zu einem ehemaligen Arbeitgeber von ihm in Miami, dem Besitzer eines Schildermalergeschäfts, der glaubte, dass S. noch lebte. Er wusste allerdings nicht, wo oder wie er ausfindig zu machen war.

Und dann – ganz unvermittelt – bekam ich eine Nachricht von S., der eine Nummer in Florida hinterließ, unter der er zu erreichen war. Ich rief ihn an, und er sagte mir, er sei dabei, nach dreizehn Jahren Trinkerei sein Leben wieder in Ordnung zu bringen. In dieser Zeit sei er die Ostküste hinauf- und hinuntergezogen und habe selten eine richtige Postanschrift oder Telefon gehabt. Er habe erst gestern vom Tod meiner Mutter gehört. Wir ergingen uns eine ganze Weile in Erinnerungen an sie, dann klärte er mich über einige Fragen im Zusammenhang mit dem Gemälde auf, das, wie sich herausstellte, Wasserschäden erlitten hatte, aber nicht zerstört worden war. Er habe es einem früheren Freund geschenkt, einem Barkeeper, der es seinerseits seinen Eltern in Connecticut geschenkt habe. «Es hat mich ein Vierteljahrhundert lang verfolgt. Ich fand, dass das reicht», sagte S. Mir fiel auf, dass seine Sprechweise weniger stockend, seine Stimme fester als früher war.

Und die Identität des Gemäldes? Tatsächlich hatte S. in einer Bar in Miami einen Belgier kennen gelernt, dessen Vater in Antwerpen irgendwelche Beziehungen zum Kunsthandel hatte. Dieser Vater habe sich, nachdem er S.' Foto von dem Gemälde gesehen hatte, nach dem Verbleib des Bildes erkundigt. Laut S. boten die Belgier bares Geld für das Gemälde. Ein Treffen wurde vereinbart. Allerdings, erzählte mir S., habe der Vater in Antwerpen das Gemälde niemals richtig identifiziert. Irgendetwas an diesen Belgiern sei ihm nicht geheuer gewesen. Das Treffen sei nicht zustande gekommen. Er sei das Gefühl nicht losgeworden, dass die Belgier etwas gewusst hätten, was sie verschwiegen. Er sei sogar so weit gegangen, sich ihretwegen mit dem State Department in Verbindung zu setzen. Wie meine Mutter zu dem Schluss gekommen sei, das Gemälde sei eindeutig als Church verifiziert worden, könne er sich nicht erklären.

Und da war noch etwas. Ich hatte mir immer vorgestellt, S. habe das Gemälde, nachdem er in New York davon Besitz ergriffen hatte, vom Keilrahmen genommen und es in einem Papprohr mit dem Flugzeug nach Miami befördert. Tatsächlich wurde es von einer Stewardess nach Florida geschmuggelt, einer Bekannten von S., die es *im Rahmen* an Bord eines Flugzeuges geschafft und es dort, außerstande, es in den Kleiderschrank zu zwängen, entgegen den Bestimmungen des Bundesamtes für Luftfahrt in einer Toilette im Heck des Flugzeuges eingeschlossen hatte. «Sie hat es mir nach der Landung am Flughafen übergeben», erzählte mir S. Als ich ihn fragte, ob er selbst auch wieder male, bejahte er. Ich wünschte ihm alles Gute, und wir legten auf.

Anfang 2003, bevor ich auch nur davon träumte, je wieder von S. zu hören, flog ich nach Paris. Es war mitten im Winter und selbst für die Jahreszeit zu kalt. Demzufolge hielt ich mich die meiste Zeit in geschlossenen Räumen auf. Ein Ort, an dem ich Wärme suchte, war der Louvre. Wegen des Wetters und wohl auch, weil der Tourismus in Erwartung des Krieges im Mittleren Osten einen Einbruch erlitten hatte, war es in dem Museum ungewöhnlich leer, sodass man ungehindert bis zur Mona Lisa marschieren und sich direkt davor stellen konnte. Bis dahin hatte ich das Bild nur auf Fotos gesehen; jetzt, als ich vor dem Original stand, beeindruckte mich nicht nur seine Schönheit, sondern auch seine Seltsamkeit. Besonders hatte es mir die Art und Weise angetan, wie die Landschaft hinter der Gestalt der Mona Lisa in ausgewogenen Serpentinenmustern zurückweicht. Es ist eine ferne Landschaft, grün und strotzend und offenbar von einer Erhebung aus gesehen; beim Betrachten des Gemäldes fällt es schwer, die räumlichen Beziehungen zwischen den Elementen des Vorder- und des Hintergrunds sicher zu beurteilen. Die Mona Lisa selbst, wiewohl von dieser Hintergrundlandschaft eingerahmt, die weit weg und weit unten zu liegen scheint – ich stelle mir ohne triftigen Grund vor, dass sie auf einer hoch gelegenen Zinne sitzt –, existiert dennoch weniger in Beziehung zu der unmittelbar sichtbaren Landschaft als vielmehr in Beziehung zu einer größeren Welt, der Welt, von der die gemalte Landschaft nur ein kleiner Ausschnitt ist. So nimmt die Gestalt, die von der Aussicht im Hintergrund weg- und zum Betrachter hinsieht, in dem Gemälde eine Position ein, die in mehr als einer Hinsicht zentral ist, eine Position, die nicht nur von den optischen Perspektiven bestimmt wird, die das Gemälde als Ganzes beherrschen, sondern auch von einer auf subtile Weise verwirrenden Perspektive, die in Ermangelung eines besseren Worts spirituell anmutet. Während ich vor der Mona Lisa stand, musste ich an S.' Landschaften denken – an die, die er gemalt hatte und die in meinem Wohnzimmer hing; und an den mutmaßlichen Frederick Church, den ich damals für immer verloren glaubte. Bei beiden Gemälden, so wurde mir klar, wirken die physischen Perspektiven destabilisierend, dergestalt, dass der Betrachter aufgefordert wird, visuell mit dem Künstler zu kommunizieren, und das auf eine Weise, die ihrem Wesen nach nicht nur visueller Natur ist. In den Jahren, in denen S. verschiedentlich nach New York kam, fragte ich mich, was ihn veranlasste, die Landschaft in dem riesigen Rahmen für einen da Vinci zu halten. Indem ich diese Frage stellte, war ich natürlich nur ein, zwei Fragen von anderen Fragen entfernt, Fragen, die nicht mit Gemälden oder Maltechniken zu tun hatten, sondern damit, auf welche Weise Maltechniken zum Vehikel für S.' Phantasien und Selbsttäuschungen wurden.

Doch wenn ich stattdessen nun eine andere Frage gestellt hätte? Was hatte S. bei einem Leonardo da Vinci – und sei es nur eine Reproduktion – gesehen, das ihn dazu brachte, sich die Welt (oder jedenfalls die Welt, wie sie in Gemälden dargestellt wird) als einen Ort vorzustellen, wo selbst formale Perspektiven ganz und gar subjektive, private Schöpfungen werden; einen Ort, wo selbst eine realistische Landschaft – eine schlichte und scheinbar unkomplizierte Darstellung der unkompliziert erlebten Welt – uns völlig desorientieren und in unserer zeitweiligen Desorientiertheit veranlassen kann, in Welten hineinzusehen, die von anderen Gesetzen beherrscht werden als denen, auf deren universelle Gültigkeit wir uns irgendwie verlassen, Welten, die in Wirklichkeit von den Traumata und Hoffnungen anderer beherrscht werden?

Die Frage ist nicht ohne weiteres zu beantworten. S. liebte meine Mutter, und meine Mutter liebte S. Sie liebte ihn wegen seines Mutes, mit dem er versuchte, zu überleben und in seinen eigenen Bildern und in seiner Beziehung zu ihr eine Welt zu schaffen, die derjenigen glich, nach der er sich sehnte. Sie liebte ihn trotz und wegen seiner Beschäftigung mit da Vinci und Church, seiner großen verlorenen Sache.

Kürzlich habe ich das Foto des Gemäldes einer Kunsthistorikerin gezeigt, mit der ich befreundet bin. Zunächst schien sie zu glauben, dass das Gemälde auf dem Foto wahrscheinlich kein Church war. Doch dann sagte sie: «Moment mal. Church hat sich doch zeitweise in Südamerika aufgehalten, stimmt's? Er hat Vögel und andere Tiere in seine Landschaften gemalt. Könnte das eine Ölstudie aus seiner Zeit in Südamerika sein? Eine Studie für ein größeres Werk?»

Das könnte sein. Ich weiß es nicht. Ich werde wohl darauf warten müssen, dass das Telefon klingelt, und hören, was über die Leitung kommt.

TEIL 4

Eines Abends im Jahre 2003, als ich in der New York Public Library eine Treppe hinunterging, kam mir, wie schon früher gelegentlich, der Gedanke, dass es auf der Welt Menschen gibt, die an ein Weiterleben nach dem Tod glauben, und solche, die das nicht tun; und dass Himmel und Hölle – oder was immer an vagen und nebulösen Reichen jenseits unseres Bewusstseins von ihnen oder unserer Fähigkeit, ihr Wesen zu begreifen, existiert – gewissermaßen von den Seelen jener bevölkert sein könnten, die während ihrer Zeit unter den Lebenden in die erste Kategorie, die Kategorie der Gläubigen, gefallen sind.

Meine Mutter glaubte fest an ihr Weiterleben nach dem Tod. Ich weiß nicht recht, ob ich für mich selbst eindeutige Behauptungen in Bezug auf die Seelenwanderung aufstellen kann. Ein Leben nach dem Tod? Ich gebe allerdings zu, dass ich eines Nachts, nachdem 1995 ihr Vater gestorben war, das starke Gefühl hatte, er sei mich besuchen gekommen. Ein paar Augenblicke lang dachte ich ihn mir, wie er vor meiner Wohnung in Brooklyn parkte. Der Motor, so malte ich mir aus, lief – Scheinwerfer und Rücklichter waren eingeschaltet. Es war Oktober, und an der hinteren Stoßstange wölkten Auspuffgase. Wartete mein Großvater darauf, dass ich aus dem Bett stieg und herunterkam, um mich von ihm zu verabschieden? Bot er mir eine Mitfahrgelegenheit an? Ich spürte, dass er mir nahe war. Aber ich stand nicht auf und trat ans Fenster. Ich sah weder ihn noch seinen Wagen, und ich unterhielt mich auch nicht mit seinem Geist. Was bedeutet es, wenn man die stumme Gegenwart eines Menschen spürt – oder zu spüren meint –, der gestorben ist?

Von Zeit zu Zeit spreche ich mit meiner Mutter. Ich habe mir angewöhnt, sie darüber zu informieren, was es bei mir Neues gibt, ihr das eine oder andere Problem auseinander zu setzen, das mich beschäftigt, oder ihr ein für alle Mal die Meinung zu einem unserer langjährigen ungelösten Konflikte zu sagen. Das tat ich auch an jenem Abend vor mehreren Jahren, als ich die Treppe in der Public Library hinunterging: Ich sprach (in angemessen leisem Ton) mit meiner toten Mutter. Und während ich das aus massivem Vermonter Marmor bestehende Treppenhaus am Nordende der geistes- und sozialwissenschaftlichen Abteilung Ecke Forty-second Street und Fifth Avenue hinabstieg, kam mir der Gedanke, dass immerhin ich mit meiner toten Mutter und nicht sie mit mir sprach. Im Winter 2001, mehrere Monate nach ihrem Tod, hatte ich mir eine ganze schlaflose Nacht lang eingebildet, ja fest geglaubt, meine Mutter befinde sich *in* der teuren Matratze, die ich mir in meinem Kummer als Trost geleistet hatte. In meiner Panik in jener Nacht bildete ich mir ein, sie griffe nach mir, um mich in mein neues Bett hinabzuziehen, weil sie mich im Totenreich bei sich haben wollte. Seit damals jedoch habe ich nichts mehr erlebt, was ich als direkte Mitteilung meiner Mutter bezeichnen könnte. Weder ruft sie mich, wie es so schön heißt, aus dem Jenseits, noch macht sie ihre Gegenwart im Äther greifbar. Ich spüre sie nicht neben mir im Zimmer und erhasche, wenn ich mich plötzlich umdrehe oder über die Schulter schaue, auch keinen flüchtigen Blick von ihr.

Und deshalb frage ich mich: Wenn ich, was das Leben nach dem Tode angeht, nicht gerade gläubig bin, wieso rede ich dann? Mit wem glaube ich zu reden?

Wenn ich – zu Hause, auf der Straße oder in öffentlichen Gebäuden – mit meiner Mutter rede, kommt unweigerlich der Moment, in dem ich spüre, dass ich mir vorstellen kann, wie sie nicht weit weg in normalerweise bescheidener Höhe über dem Boden schwebt, so wie Engel in klassischen Gemälden in unmittelbarer Nachbarschaft der oberen Rahmenleiste umherfliegen. Und in dem Augenblick, in dem ich sie mir dergestalt vorstelle – weniger als Erscheinung denn als Erinnerung, in der sie manchmal eine jüngere, attraktivere Version ihrer selbst, meist aber älter und krank und dem Tode nahe ist –, sehe ich nicht nur ihr Gesicht, in dem sich der Mund an den Winkeln boshaft nach oben krümmt, sodass die Grübchen entstehen, die mit ihrem Lachen oder Lächeln einhergingen; ihre Augen, die, genau wie im Leben, typischerweise einen Ausdruck leichter Verwirrung tragen, als wäre sie damit überfordert, alles auf der Welt zu erfassen; ihr schwach ausgeprägtes appalachisches Kinn, das Kinn, das auch ich von unseren schottischen und englischen Vorfahren geerbt habe; und ihr Haar, das gegen Ende ihres Lebens so aussah, als wäre es mit einer stumpfen Schere hastig geschnitten worden. Ich sehe das alles, und dann sehe ich den Rest des Bildes. Ich sehe, was sie anhat. Ich sehe einen fürchterlichen Moment lang die Kleider meiner Mutter.

Insbesondere sehe ich ein Kleidungsstück, das sie Anfang der Neunziger geschneidert hat. Sie wohnte damals in Miami, Florida, und betrieb dort eine kleine Boutique, die eigentlich als Schaubühne für ihre eigenen, zunehmend exzentrischen Modekreationen dienen sollte, hauptsächlich jedoch routinemäßige Schneider- und Änderungsarbeiten erledigte. Sie hatte nie viel Kundschaft. Das Geschäft lag in einer heruntergekommenen Ladenzeile in einem unterbevölkerten, von Autobahnüberführungen zerschnittenen Stadtteil nicht weit vom Miami River. Weil das Geschäft keinen Profit abwarf – und niemals abwerfen würde –, war meine Mutter darauf angewiesen, dass ihr Vater, der in North Carolina wohnte, für die Miete aufkam.

1993 besuchte ich das Geschäft. Ich war damals fünfunddreißig. Seit dem letzten alkoholbedingten Zusammenbruch meiner Mutter waren zehn Jahre vergangen. Mein Vater wohnte mit seiner neuen Frau im Südwesten von Miami. Meine Schwester war weit von South Florida weg an die nordwestliche Pazifikküste gezogen und hatte selbst eine Familie gegründet. Und ich wohnte allein in Brooklyn. Meine Mutter war mit Hilfe der Versicherung und ihres Vaters aus einer Eigentumswohnung, die ein Jahr zuvor von Hurrikan Andrew zerstört worden war, in eine Einzimmerwohnung mit partiellem Blick auf den Miami River gezogen. Und sie hatte ihr Geschäft eröffnet. Es hieß Peace Goods.

Ich kann mich noch erinnern, dass die Ladenfront selbst winzig und das größere Gebäude, das sie beherbergte, von billiger Bauart war. Was für Geschäfte an das meiner Mutter angrenzten, weiß ich nicht mehr. War da ein Spirituosenladen? Vor ihrem Geschäft lag der Parkplatz. Ich kann mich erinnern, dass ihr die Leute Angst machten, die an ihrer Ladentür vorbeikamen. Ihr Ladenraum war, soweit ich mich entsinnen kann, hell erleuchtet. Die Klimaanlage war ständig hochgedreht. Der Teppichboden war angeklebt. Hinten im Laden befanden sich Nähmaschinen. Eine Schneiderpuppe – oder waren es zwei? – stand, halb bekleidet mit einer der im Werden begriffenen Rohseidekreationen meiner Mutter, neben einem großen Arbeitstisch, auf dem sie Stoff ausbreitete und zuschnitt. Neben einer Schere lagen griffbereit Garnrollen, Schnittmusterbögen, Bleistifte, ein Maßband und von Nadeln starrende Nadelkissen. Besonders ein Nadelkissen kommt mir in den Sinn. Es sah aus wie eine holländische Tomate; es hätte ohne weiteres als Stofftier eines Kindes durchgehen können. In

Ecken lehnten Stoffballen. Die Hintertür des Ladens ging auf eine Gasse, wo meine Mutter zum Rauchen hinging. Sie rauchte auch drinnen ständig, und ich weiß noch, dass ich mich fragte, was wohl ihre Kunden dachten, wenn sie Kleider mit nach Hause nahmen, die rochen, als wären sie in einem Nachtclub getragen worden. Wo immer meine Mutter im Laden auch war – ob sie barfuß am Arbeitstisch stand und Stoff abmaß, hinten herumstöberte und aus Asien und Europa importierte Woll- und Seidenstoffe sichtete oder sich mit übereinander geschlagenen Beinen auf einem der Stühle bei der Ladentür entspannte –, ihr Aschenbecher, ihr Feuerzeug und ihre Kaffeetasse waren stets in Reichweite. Ebenfalls beim Eingang befanden sich Ständer mit Kleidungsstücken der wenigen Kunden, die sich hierher verirrt hatten oder die meine Mutter von den Anonymen Alkoholikern oder aus ihrem Leben vor der Trockenheit kannten.

In dieser beengten und etwas unsicheren Umgebung begann meine kettenrauchende, hustende Mutter eine Modeästhetik zu verwirklichen, die vermutlich originell und von trotzigem Außenseitertum war.

Das Kleidungsstück, das ich häufig vor mir sehe, wenn ich mit meiner toten Mutter spreche, ist ein Seidenkimono. Das heißt, es ist nicht direkt ein Kimono, sondern eine Robe mit hoch sitzendem Saum, die kimonoartig wirkt. Vorder- und Rückenteil sind weiß. Die Ärmel sind ebenfalls weiß und werden von breiten Bändern aus maschinell gefertigter Spitze umfasst. Es liegt eine Andeutung von Chanel in den dünneren weißen

Bändern an den Nähten, welche die Ärmel mit Vorder- und Rückenteil verbinden, und in den gerafften Seidenkreppbahnen – eine in Aquamarin, die zweite in einem dunkleren Blau und die dritte in Indigo –, die in leicht militärisch anmutendem Stil um jede Schulter geschlungen sind und von schmalen, wie Gürtelschlaufen genähten Bändern festgehalten werden. Von den Schlaufen ausgehend, wallen diese blauen und indigofarbenen Schärpen unter den Achseln an den Seiten des Kimonos herab und sind mit insgesamt zwölf Rosshaarquasten in Form von Engeln beschwert.

Über jeder Brust hängen an mit schimmernden Sternen befestigten Fäden wie Christbaumschmuck zwei metallisch glänzende Vögel. Der eine dergestalt angebundene Vogel ist gelb und befindet sich im Flug; sein Gegenstück ist rosa und befindet sich in Ruhestellung. Unmittelbar unter diesen leise hin und her schwingenden Vögeln erkennt man ein grünes Stofffeld in Form eines Valentinsherzens, das zur Hälfte auf der rechten, zur Hälfte auf der linken Vorderseite des Kimonos liegt. Beherrschende Farbe des Kleidungsstücks ist die weiße Seide, doch über dieser wird es beherrscht von dem geteilten grünen Herzen, das man zusammenfügen kann, indem man den Kimono vorne schließt. Dieses knapp dreißig Zentimeter hohe Herz dient als geometrischer Ort für eine Ansammlung vorgeblich beruhigender visueller Elemente. An einer Seite, wo sich, wenn es sich um eine medizinische Illustration handeln würde, ein Vorhof befände, sitzt, an Ort und Stelle festgenäht, eine flauschige weiße Katze – ein Tier wie die kräftig haarende weiße Katze, die meine Mutter damals besaß. Hinter dem oberen Rand der anderen Seite lugt eine Giraffe hervor, als blickte sie neugierig über einen grünen Hügel. Die Szene ist idyllisch, ein Kinderzimmerbild. Passend zum Thema unschuldige Kindheit, zieht sich noch mehr grüner Stoff in Form zweier gewundener, immer schmaler werdender und von kunstvoll gestickten Blumen gesäumter Pfade an den Seiten des Kleidungsstückes herab und um sie herum. Ich kann diese Blumen nicht ansehen, ohne an die Mohnfelder aus «Der Zauberer von Oz» denken zu müssen.

Das ist noch nicht alles. In der Umgebung des grünen Herzens sind Bänder befestigt, die bis über den unteren Saum des Gewandes herabreichen. An ihrem unteren Ende hängen diverse gefundene oder eigens angefertigte Gegenstände: ein Stück Quarz, ein leeres Pillendöschen, ein aus Metall und Perlen gebasteltes Amulett, eine Pfauenfeder und ein kleiner, aus grellfarbenem Garn gehäkelter Beutel – ein Geldbeutel. Es gibt zwei Spitzensäckchen – die rüschige Sorte, wie man sie in Schlafzimmerkommoden in Farmhäusern findet –, gefüllt mit einer Duftmischung. Bei einem anderen Schmuckelement, das aus Filz besteht und wie eine Banane geformt ist, handelt es sich in Wirklichkeit um einen gelben Mann im Mond mit spitzer Nase, breitem Mund und schläfrigem Blick.

Um jedoch zu sehen, was sich wirklich auf diesem Kleidungsstück abspielt, muss man es vorsichtig umdrehen, ausbreiten und die Rückseite studieren.

Unten gibt es einen Teil aus dunkelblauem und weißem Overshot, einem traditionellen handgewebten Stoff, der hauptsächlich für Bettbezüge verwendet wird und mehr oder weniger zur Form eines Piedestals zugeschnitten ist. Dieses Piedestal flankieren vier schmückende Flicken, zwei auf jeder Seite, bestehend aus Seide, die mit Blumenmustern in Schwarz, Gold, Rosa, Bronze, Silber, Weiß und Blau bestickt ist. Die Flicken sind schief zueinander aufgesetzt. Sollen sie wie Taschen aussehen? Sind es Abzeichen? Ihre schräge Lage hat etwas gewollt Verrücktes, als sollten sie die Spontaneität und Verspieltheit der Designerin vermitteln, ihr Gespür für das Leben, das sich in allen Dingen, selbst in Stoffresten, findet. Direkt über den tanzenden Flicken verläuft die Fortsetzung des grünen Stoffbandes, das auf der Vorderseite des Kleidungsstückes in Gestalt der geblümten, vom Rand des Herzens abzweigenden Pfade seinen Anfang nimmt. Auf der Rückseite des Gewandes wird dieser grüne Streifen nicht mehr von Blumen gesäumt; an ihm baumeln bronzefarbene und silberne Anhänger – Münzen, Muscheln und Seesterne. An Kordeln, die am Mittelteil des Kimonos befestigt sind, steigen ein Löwe und ein Pferd aus handbemaltem Bambus herab; gemeinsam fungieren sie als Spielzeugwachen vor einem komplizierten Stück chinesischem Stoff, das von etwas weiter weg ein wenig wie der Kopf von Edvard Munchs Gemälde «Der Schrei» aussieht. Statt Munchs klagendem Gesicht findet sich jedoch in der Mitte dieses Stoffes ein Wasservogel – ein goldener Kranich mit schwarzem Schnabel, dunklen Augen und roter Haube. Um diesen Kranich herum hat meine Mutter einen Klassiker genäht – ein Hufeisen aus grünem Organza, festgehalten von Schlaufen aus silbernem Band. Die Enden des Hufeisens sind mit Quasten versehen – nicht mit Schmuckengeln, sondern mit feinen weißen Quasten, wie man sie etwa für eine Fransenkante an einem Lampenschirm verwenden würde.

Ein weiteres Merkmal bedarf der Beschreibung. Es handelt sich um ein Etwas, das – als wäre es aus Bergregionen herbeigeflogen, wo riesige, gutmütige Geschöpfe hausen; hätte sich über South Florida wiedergefunden; hätte nach unten geblickt und von hoch über den Wolken meine Mutter bei der Arbeit in ihrem Laden gesehen; wäre herabgeschwebt und auf ihren Seidenfeldern gelandet, hätte sich dort wohl gefühlt und beschlossen zu bleiben –, ein Etwas, sage ich, das die gesamte obere Rückseite des Kimonos bedeckt. Dieses Etwas ist ein riesiger, mit riesigen Flügeln ausgestatteter Schmetterling.

Den Körper des Schmetterlings hat meine Mutter in einem Laden gekauft. Er hat eine Papierhaut, die auf einen leichten Holzrahmen gespannt und in leuchtenden Farben bemalt ist. Ich vermute, es könnte sich um einen indonesischen Export handeln. Er ist dreidimensional und länglich – mit einem richtigen Kopf, einem Abdomen und einer Wespentaille –, und er ist entlang der Rückennaht an dem Kleidungsstück befestigt, sodass er von Kopf bis Schwanz auf der Wirbelsäule des Trägers zu liegen kommt. Die ausgebreiteten Flügel, die aus weicher, durchgenähter Seide bestehen, reichen bis zu den Schultern des Kimonos und sind von einem stumpfen Weiß, das mit pastellfarbenen Wirbeln und Streifen bemalt ist. Mit seinen ausgebreiteten Flügeln – und wie in Nachahmung der Nachahmungsstrategie der Natur – wirkt das Geschöpf wie ein Drache. Als krönendes Moment trägt der Schmetterling zwei zarte Fühler zur Schau, die von seinem Kopf nach oben zeigen. Auf Fotos von dem Kleidungsstück sind diese Fühler lang und spiralförmig. Irgendwann sind sie jedoch abgebrochen. Jetzt sind sie kurz und splittrig.

Über zehn Jahre lang leitete meine Mutter am Miami Dade College einen Studiengang für Mode, Modegeschichte und Textilkunde. Sie hatte eine kleine Fakultät unter sich und viele Studenten. Häufig ging sie schon bei Sonnenaufgang aus dem Haus. Sie kam meist nicht vor dem Abend wieder. Sie schlief wenig. Stattdessen trank sie. Darin hatte sie in meinem Vater einen Partner. Während der Abend in die Nacht überging, stritten die beiden miteinander. Je später es wurde, desto größer die Wut, mit der sie über ihn herfiel. In den Anfangsjahren ihrer Ehe war eine Frau zwischen meine Eltern getreten und hatte ihre erste Scheidung herbeigeführt. Nach ihrer Wiederheirat, als ich neun und meine Schwester Terry acht war – und bis ihre Beziehung endgültig endete –, verfolgte die Erinnerung an diese Frau unsere Familie. Wenn meine Mutter nach einem Streit ins Bett gefallen war oder in einem Sessel das Bewusstsein verloren hatte, weinte mein Vater oft und entschuldigte sich.

«Es tut mir leid», sagte er dann zu mir und meiner Schwester, und sein Gesichtsausdruck zeigte, dass er es auch so meinte. Aber obwohl er es nicht beabsichtigte und auch nicht wissen konnte, brachte er unsere Mutter mit seinen Entschuldigungen gleichsam zum Verschwinden. Er brachte sich und seine Kinder zum Verschwinden, wenn er Terry und mir zuflüsterte: «Eure Mutter arbeitet den ganzen Tag schwer im College. Sie arbeitet so schwer. Sie ist bloß müde. Sie ist müde.»

«Sie ist nicht müde!», schrie ich zurück. «Sie ist Alkoholikerin!» Keiner hörte zu. Wer beachtet schon einen unglücklichen Fünfzehnjährigen? Im Übrigen war meine Mutter nicht der einzige Mensch, der müde war. Unser ganzes Leben war ihr ausgeliefert. Früher staunte ich darüber, dass mein Vater meine Mutter ertragen konnte. Ich fand dieses Märtyrertum, wie ich es damals sah, ehrenhaft. Mir schien, dass unsere Familie von einem düsteren, unbegreiflichen Schicksal bestimmt wurde. Es war jedoch nicht unbegreiflich, und es war auch nicht das Schicksal, das uns bestimmte. Es war der Alkohol.

Nach den Nächten kamen die Morgen. Meine Schwester und ich standen auf, zogen uns an und marschierten vom Haus zu der Ecke, wo der Schulbus hielt. Darin folgten wir dem Beispiel unserer Mutter, die sich eine Morgenzigarette anzündete, ihren Kaffee hinunterstürzte und ohne Erinnerung an sich selbst in ihrer dunkleren Form ins Büro fuhr. Damals, Anfang der Siebziger, spielte ihre Arbeit am College im Alltagsleben unserer Familie kaum eine Rolle. Sie war kein Gesprächsthema.

Sie wurde nie gefeiert. Meine Mutter war allein mit ihrer Arbeit, und allein war sie auch zu Hause, und ihre Isolation – von ihrer Familie und von der Welt – bestimmte die Art und Weise, wie sie sich der Mode bediente, um ihre Lebensgeschichte zu erzählen.

Doch darin liegt ein Problem. Die Mode – und ich spreche hier nicht nur von eleganten oder sonstigen Kleidern und von der Art und Weise, wie sie sich entwickeln und getragen werden, sondern von den Bedeutungen und Assoziationen, die sich aus stilistischen Variationen oder ihrem Fehlen bei Kleidern ableiten lassen –, die Mode, ob man sie nun als hohe Kunst betrachtet oder nicht, ist stets eine explizit visuelle und taktile Sprache, eine Sprache, geschrieben – wie das Werk der Kunsthistorikerin Anne Hollander mich verstehen gelehrt hat – in einem Alphabet von Farben, Gestalten, Texturen und Formen, die sich in den Dekaden unserer Lebenszeit von Saison zu Saison und von Jahr zu Jahr auf subtile Weise wandeln und verändern. Die Mode ist ein gemeinschaftlicher Dialog, ein Gespräch, das niemals aufhört – zu den Themen Verlangen, Macht, Verwandtschaft, Erotik und dem Verstreichen der Zeit –, zwischen Menschen, die in einer Gesellschaft zusammenleben. Was aber passiert mit dem Gespräch, wenn die Primärgesellschaft, die eine Kleiderproduzentin kennt, eine sterbende Familie ist – eine Familie, die sich Nacht für Nacht, Jahr für Jahr mit ihren Entschuldigungen zum Verschwinden bringt?

Es gab eine Woche Anfang der Neunziger, als meine Mutter mit ihrem Kombi von Miami aus losfuhr und ich von New York aus Richtung Süden flog und wir uns in Black Mountain, North Carolina, im Haus ihrer Eltern trafen. Sie hatte eine Auswahl ihrer tragbaren Kreationen mitgebracht und wollte sie unbedingt vorzeigen. Eines Abends nach dem Essen führte sie mich und meine Großeltern zu dem Schrank im Flur. Eines nach dem anderen zog sie die Kleidungsstücke heraus, an denen sie in ihrem Laden in der Nähe des Miami River gearbeitet hatte, die Kleidungsstücke, die sie als Kunstwerke betrachtete. Darunter, so entsinne ich mich, befand sich auch der mit den Schmetterlingsflügeln verzierte Kimono.

Ich betrachtete die Gesichter ihrer älteren, vom Südstaaten-Presbyterianertum geprägten Eltern. Die Mutter meiner Mutter berührte die Stoffe und sagte: «Nun sieh dir das an», und «Oder das erst». Und sie würdigte auf zurückhaltende, aber generöse Weise die Handwerkskunst ihrer Tochter mit Nadel und Faden. Aber was genau hatte meine Mutter da mit Nadel und Faden hergestellt? Das war weder mir noch meinen Großeltern klar, die schlichtweg beunruhigt waren. Sie wussten nicht, was sie zu ihrer Tochter sagen sollten.

Nach einem langen Augenblick zogen wir uns von dem Schrank im Flur zurück. Wir gingen ins Wohnzimmer und setzten uns. Der Fernseher lief und zeigte die Verleihung der Tony Awards. Broadway-Musicals hatten es meiner Mutter schon immer angetan. Nach einer Weile wandte ich den Blick vom Bildschirm zu meiner Mutter und sah ihrem Gesicht, ihrer zusammengesackten Haltung und der Heftigkeit, mit der sie Zigarettenrauch ausstieß, ihre wütende Enttäuschung an.

Hätte sie Kleiderbügel mit Stücken herausgezogen, die entweder eine ironische Übertreibung oder eine direkte Ablehnung aktueller Modeideale zeigten – auf mondäne Weise entmondänisierte Kleider im Comme-des-Garçons-Stil der mittleren Neunziger beispielsweise oder radikale Versionen von Männeranzügen, ausgeführt als von Frauen zu tragende Statements –, wären ihre Eltern vielleicht ebenso verwirrt und besorgt gewesen. Aber ich hätte verstanden, dass sie etwas machte, was, so seltsam ihre Entscheidungen auf den ersten Blick auch erscheinen mochten, gleichwohl auf eine Weise in der Öffentlichkeit getragen werden konnte, die dem Betrachter auf relativ direkte Art bestimmte Aspekte ihrer Wünsche und ihrer Einstellungen zum Körper, zu Form und Gestalt, zu Verführung und zur Politik des öffentlichen Lebens mitteilte. Ich verstehe, dass ein Vergleich zwischen den Kleidern meiner Mutter und europäischen und amerikanischen Laufsteg-Entwürfen nicht ganz fair ist. Mir ist auch klar, dass ihre Eltern und ihr Sohn nicht das ideale Publikum für ihre phantastischen Hervorbringungen waren.

Sie zeigte uns ihr Werk. Wir flohen. Sie riskierte unser Unverständnis und unsere Missbilligung, unsere Versuche zu loben, unsere Verwirrung und Missachtung. In diesem Risiko und seiner Folge – ihrem Leiden – fand sie ihre Selbstbestätigung als originelle, subversive Künstlerin.

War es so? War meine Mutter ihrer Zeit voraus, dazu ausersehen, in irgendeiner künftigen Kultur Anerkennung zu finden, wie sie in den Jahren vor ihrem Tod mehr als einmal verkündete?

Das Kleidungsstück trägt den Titel «Die Reise der Heldin», bleibt jedoch in Bezug auf die Geschlechtlichkeit des Trägers neutral. Weder formt es sich um den Körper, noch drängt es ihm eine Form auf. Von etwas weiter weg sieht es aus wie das Gewand eines episkopalischen Geistlichen, ist jedoch mit seinen Quasten und Flügeln eindeutig eher von heidnischem als von protestantischem Charakter. Es ist ein friedliches Reich, bevölkert von persönlichen geistigen Leitbildern und Lieblingstieren – Vögeln, Löwe, Pferd, Giraffe, Katze –, einer Menagerie wilder und zahmer Hieroglyphen, die die Trägerin des Kimonos, die Heldin, sicher die grüne, von Blumen gesäumte und mit magischen Münzen gepflasterte Straße hinabgeleiten. Das Gewand nimmt das Leben aller Lebensformen auf, die an ihm prangen oder hängen, und es teilt seinem Träger dieses Leben mit. Aber was für ein Leben ist das? Weder erdgebunden noch auf den sterblichen Körper beschränkt, ist es ein zugleich heiliges und weltliches Leben, formlos und geformt, jugendlich und betagt, unschuldig und erfahren, alt und modern, flüchtig und dauerhaft.

In dem Jahr bevor sie starb, traf ich meine Mutter in Philadelphia. Das war im Frühling 1999. Vier Jahre zuvor war ihr Vater gestorben, und ihre Mutter sollte ihm bald nachfolgen. Nicht lange nach dem Hinscheiden ihres Vaters hatte meine Mutter Miami und ihren klimatisierten Laden unter den Autobahnüberführungen verlassen. Sie hatte ihre Nähmaschinen, ihre Schneiderpuppen, ihre Knöpfe, ihren Arbeitstisch, ihre Stoffe und Scheren, ihre Nadelkissen und Maßbänder und Merlin, ihre neue Katze, zusammengepackt – die weiße hatte schließlich ihren Geist aufgegeben – und hatte mit Geld, das sie sich von meinem Großvater geliehen hatte, in Black Mountain ein kleines einstöckiges Haus am Ende einer Straße gekauft. Nun, drei Jahre später, war sie nach Norden gefahren, um an der Abschlussfeier der Kunstakademie teilzunehmen, auf der F., ein Freund aus der Zeit in Florida, der von Miami weggezogen war, um in Philadelphia Malerei zu studieren, seine Examensurkunde überreicht bekam. Auf der Feier lernten F. und meine Mutter einen Galeristen kennen, der in Old City arbeitete. Dieser Mann bekundete Interesse an den Kleidern meiner Mutter, und sie gewann den Eindruck, dass die Galerie ihr eine Ausstellung ausrichten würde.

Eines Samstagmorgens im Mai bestieg ich einen Zug nach Philadelphia. F. wohnte in einem roten Backsteinhaus in einer ruhigen Straße im Stadtzentrum. Ich ließ mir Zeit für den Fußweg vom Bahnhof. Ich hatte, was den bevorstehenden Tag anging, ein ungutes Gefühl. Mit der Gesundheit meiner Mutter ging es seit einigen Jahren rapide bergab, und in den letzten Monaten hatte sie, wenn ich mit ihr telefonierte, so geklungen, als würde sie immer kränker. Ich fürchtete mich vor dem, was ich zu Gesicht bekommen würde.

Meine Sorge war nicht unbegründet. Als ich meine Mutter sah, hätte ich am liebsten den Kopf gesenkt, mich abgewandt und wäre geradewegs ohne anzuhalten zum Bahnhof zurückmarschiert.

Stattdessen gingen sie, F. und ich in ein Café. Ich gab mir alle Mühe, meine Verlegenheit über die durchdringende Stimme meiner Mutter zu verbergen. Es kam mir vor, als ob sie prahlerisch trompetete. Sahen die Leute zu uns her? Ich entsinne mich noch, dass F. eine Jacke trug, die meine Mutter geschneidert hatte, eine kurze Jacke, verziert mit Stoffstücken in Kontrastfarben, die zu geometrischen Mustern zusammengenäht waren. F. fühlte sich sichtlich wohl in dem Kleidungsstück. Wenn der geschmückte Kimono die Haute Couture repräsentierte, so hätte die Jacke der Freizeitkollektion mit Namen Peace Goods entstammen können. Während ich vor meinem Kaffee saß, fragte ich mich, ob F. sie anbehalten würde, wenn meine Mutter in ihr Auto gestiegen und Richtung Süden aufgebrochen war.

Wir zahlten, standen vom Tisch auf und begannen unsere Pilgerfahrt zu der Galerie, wo meine Mutter als neue Künstlerin Aufnahme zu finden hoffte. Es war ein langer Weg über eine kurze Entfernung. Ich sah zu, wie meine Mutter nach Atem rang, und bemerkte, dass sie sich anschickte, nach dem nächsten festen Gegenstand, einem Laternenpfahl oder einer Parkuhr, zu greifen, an dem sie Halt finden könnte, falls es sich plötzlich als nötig erweisen würde. Hatte sie zugenommen? Abgenommen? Was war mit dem Husten? Hatte sich ihr Husten verschlimmert? Warum sah ihr Haar so glanzlos aus? Hatte sie Mühe, ihre Mappe zu tragen? Und wo war sie plötzlich geblieben?

«Mom? Mom?»

Da stand sie, einen halben Häuserblock weiter hinten, stand in der Hitze, zündete sich mit zitternder Hand eine Zigarette an und wirkte verloren.

«Mom, alles in Ordnung? Möchtest du dich einen Moment ausruhen?»

«Nein. Mir geht's gut. Ich brauche mich nicht auszuruhen. Gehen wir zu der Galerie. Wie weit ist es noch, Don?»

«Nicht weit. Gleich da vorn. Mom, schaffst du das? Soll ich deine Mappe tragen?»

«Nein.»

«Warst du in letzter Zeit mal beim Arzt, Mom?»

«Zu Hause habe ich einen Arzt, Don. Gehen wir zu der Galerie. Man erwartet mich dort. Ich habe einen Termin.»

Aber was für einen Termin? Als wir endlich den einen Häuserblock hinter uns gebracht hatten und durch die Tür traten, empfahl die Empfangsdame, meine Mutter möge Dias und einen Lebenslauf dalassen, man werde sich mit ihr in Verbindung setzen. Das ist eine durchaus normale Prozedur, aber meine Mutter, die mit der Mär von ihrem unmittelbar bevorstehenden, kometenhaften Aufstieg hausieren gegangen war, fasste es als Abfuhr auf. Sie blieb vor der Empfangsdame stehen. Ich hatte panische Angst davor, dass sie eine Szene machen würde. Ich spürte ihre Wut und ihre wie meine eigene Demütigung. Ich drückte mich unschlüssig in der Galerie herum, dann schlüpfte ich hinaus und ging auf dem Bürgersteig hin und her. Es dauerte eine Weile, bis meine Mutter und F. herauskamen. F. redete meiner Mutter zu, sich nicht aufzuregen. Aber meine Mutter war in eine ihrer bitteren, konfusen Stimmungen verfallen.

Bis zu F.s Haus waren es nur wenige Häuserblocks. Dennoch war der Weg meiner Mutter nicht zuzumuten, also hielten wir ein Taxi an. Bei F. angekommen, beschlossen wir, früh zu Abend zu essen. Im Kühlschrank waren Hühnchenreste, und wir konnten draußen essen. Die Straße, in der F. wohnte, war eine Sackgasse, in der wenig Verkehr herrschte; die Anwohner benutzten Straße und Bürgersteig als eine Art gemeinschaftlich genutzten Platz und stellten gelegentlich Tische und Stühle unter den alten Bäumen auf, die einen niedrigen Baldachin bildeten.

Es war Abend, die Luft war warm und still. Wir drei saßen im Kreis und aßen mit den Fingern. Meine Mutter hatte schon seit Jahren die Angewohnheit, in der Öffentlichkeit wie im privaten Kreis zu verkünden, dass sie sich als Künstlerin mit mir identifizierte. Sie glaubte, dass wir einander verstünden und uns in unserer Entfremdung von der nicht schöpferischen Welt grundsätzlich ähnelten. «Wir brauchen uns keine Gedanken zu machen, was andere Leute denken, Don», sagte sie etwa. Und dann fügte sie hinzu: «Wir passen nirgendwohin.»

Meine Mutter mag an diesem Abend, als sie, F. und ich uns zu Tisch setzten, ein paar solche Bemerkungen gemacht haben. Ich weiß es nicht mehr. Alles, was ich tun konnte, war, ihr beim Essen zuzusehen.

Sie saß mir gegenüber. Sie biss in großen Happen ab, und beim Kauen fielen ihr Essensbröckchen vorn herunter. Sie aß, so schien es mir, ohne Bewusstsein von sich selbst und vermittelte dabei den Eindruck, dass irgendetwas schief gelaufen war, als ob sie mit vierundsechzig ihren ersten Versuch machte, sich Tischfertigkeiten anzueignen. Sie war allerdings kein Kleinkind; sie war krank und leugnete ihre Krankheit. In vier Monaten würde sie erfahren, dass sie bald sterben musste.

Ich wandte den Blick ab. Ich war ein Mann Mitte vierzig, der vor seiner Mutter Angst hatte. Oder vielleicht *um* sie Angst hatte. Als ich wieder hinsah, trafen sich unsere Blicke, und mir kam der Gedanke, dass sie eine Verrückte war, die verrückte, nach ihren eigenen verrückten Entwürfen selbst gefertigte Kleider trug, mit einer Verrücktenfrisur auf einem Kopf voller Wahnvorstellungen, in denen sie sich mit einer Geisterschar unterhielt, zu der auch die Jungfrau Maria und Jesus höchstpersönlich zählten. Diese Geister behandelten sie als ihresgleichen. Dass sie mit ihnen kommunizierte, verstärkte ihren Glauben an sich selbst als ein spirituell und emotional höherentwickeltes Wesen, und dieser Glaube wiederum stützte ihr Selbstbild von einer Heldin auf einer Reise. In diesem Szenario von einer romantischen Reise waren die Fehlschläge und Niederlagen ihres Lebens grandiose Erfolge, insofern es sich um Prüfungen handelte, die zu schwer waren, als dass irgendwer außer einem Helden sie hätte bestehen können.

Seinem Geiste nach spiegelt der Kimono das Dilemma seiner Herstellerin wider. Die gesamte Beziehung meiner Mutter zur Mode war von leidenschaftlicher Ambivalenz geprägt. Ihre Mutter hatte sie sowohl in der Highschool als auch im College in eine hauswirtschaftliche Ausbildung gedrängt, und später beneidete sie meinen Vater, der Literatur lehrte, um seinen erhabenen Zugang zu Höherem. Niemals trug sie die französischen und italienischen Kreationen, die sie ihren Studenten in jenen Jahren, als sie einen akademischen Beruf hatte, auf Bildern zeigte. Sie fuhr gern zu der Neiman-Marcus-Filiale in Bal Harbor, kaufte dort aber selten, wenn überhaupt je etwas. Sie sagte, sie könne sich Chanel und Dior nicht leisten, aber ich vermute, die Wahrheit ist etwas komplizierter. Die Mäntel, Hüte und Kleider, die sie am meisten bewunderte, denke ich, repräsentierten für sie eine Welt außerhalb ihrer Sphäre. In den Sechzigern, als sie und mein Vater ihre erste Scheidung einleiteten, begleitete sie eine Gruppe von Modedesignstudenten auf einer Europareise, und sie unternahm auch später einige Reisen nach Übersee und nach New York, aber diese Orte blieben ihr fern. In den Siebzigern, nachdem sie meinen Vater wieder geheiratet hatte, bekam sie vom College of Home Economics an der Florida State University ihren Doktor verliehen – ihre Dissertation trug den Titel «Eine Untersuchung von Problemen und Verfahren der Qualitätskontrolle bei Jungen- und Mädchenmode in Dade County, Florida» –, doch sie hatte nie das Gefühl, dass diese Leistung bei ihrer Familie oder ihren Kollegen Anerkennung fand. Es sollte nicht mehr lange dauern, und sie würde dem Lehrberuf endgültig den Rücken kehren. Ende der Achtziger, Anfang der Neunziger – in ihren Peace-Goods-Jahren – begann sie sich mit populären Alternativphilosophien zu beschäftigen, die, so schien es mir, größtenteils aus einer Mischung von Astrologie, Jung'scher Psychologie, Mythologie der amerikanischen Ureinwohner sowie diversen auf Wiedergewinnung von Erinnerungen und Rückkehr in ein früheres Leben fußenden Therapien und Theorien bestanden – den Ad-hoc-Religionen des New Age. Im Grunde erlaubten diese Philosophien meiner Mutter, die Welt als einen von ihr selbst geschaffenen Ort zu sehen. Manchmal glaube ich, sie hörte niemals auf, ein Kind zu sein.

Die auf dem Kimono dargestellte Welt ist die Welt, die dieses Kind bewohnt, eine Welt voller Märchenbuchtiere, die darauf warten, die Heldin auf ihrer Reise in die Ewigkeit zu begleiten. Doch sie den Kimono tragen zu sehen – und ich erinnere mich, dass ich sie ihn eines Tages in ihrem Haus in North Carolina tragen sah, obwohl ich mich manchmal frage, ob ich mir das bloß eingebildet habe –, sie ihn tragen zu sehen hieß, seine Kraft zu erleben. Meine Mutter war hoch gewachsen und bewegte sich wenig, und in ihren letzten Jahren aß sie schlecht. Das Trinken und das Rauchen hatten sie kaputtgemacht. Ihr Gesicht sah abgezehrt und, wie mein Vater immer gesagt hatte, müde aus. An jenem Tag in Black Mountain legte sie das Gewand an, zog es eng um sich und stand gebeugt unter der niedrigen Decke ihres Wohnzimmers, des Zimmers, das zum Teil von ihrem Arbeitstisch eingenommen wurde, den sie von ihrem Laden in Miami nach Norden geschafft hatte.

Bei meiner Mutter reichte der Kimono bis zu einer Stelle zwischen ihren Hüften und ihren Knien. Hinter ihrem Kopf reckten sich die Fühler des Schmetterlings und lenkten den Blick auf ihr Haar, das aussah, als wäre es zu einer möglichst ungekämmt aussehenden Frisur gekämmt und dann hastig mit Spray fixiert worden. Sie trug eine Brille mit einem großen, an ein Insekt erinnernden Gestell; in Verbindung mit den Fühlern und den Flügeln ergab sich ein beinahe komischer Effekt. Weil ich wusste, dass mir keine andere Wahl blieb, als ihr Beifall zu zollen, sagte ich ihr, der Kimono sei erstaunlich. Sie fragte mich, ob ich das wirklich fände, und ich sagte: «Doch, doch, ganz bestimmt.»

Ich stelle mir vor, wie sie sich umdrehte und mir die Rückseite zeigte, so wie eine Geliebte ein Kleid zur Schau stellt, das offen Sex verheißt. Und mir fällt ein, dass der Schmetterling ein Parasit war – dass seine Flügel zu klein waren, um sie und alles, was dem Gewand anhaftete – die Säckchen, den Mann im Mond, die an Bändern und Kordeln hängenden Federn und Edelsteine –, in die Lüfte zu heben und fortzutragen. Wenn ich sie in der Erinnerung so sehe, mit den unter ihren Achseln baumelnden, indigofarbenen und blauen Schärpen, der wie ein Abzeichen über ihrem Herzen sitzenden Katze und den hinter ihrem Kopf emporragenden Fühlern, erfüllt mich Dankbarkeit für ihren Vater, der sie, sosehr er sie als kleines Mädchen auch im Stich gelassen haben mag, in ihren letzten Lebensjahren beschützt und ihr ein Zuhause gesichert hat.

In den Siebzigern schneiderte meine Mutter einen Anzug für meinen Vater. Wir wohnten damals in Coconut Grove, in einem Haus, das früher einem CIA-Agenten gehört hatte. Der Anzug wurde auf traditionelle Weise handgenäht, mit wiederholten Anproben, denen das Zeichnen und Neuzeichnen von Schnittbögen und die peinlich genaue Anfertigung eines Faksimiles aus Papier und Musselin folgte. In der kunstgerechten Schneiderei wendet man eine ungeheure Mühe auf, ehe der wertvolle Stoff – in diesem Fall ein brauner Wollstoff mit Fischgrätmuster aus einer schottischen Weberei – zugeschnitten wird. Der Schneider registriert Haltung, Manierismen und körperliche Eigenheiten des Mannes, der das fertige Kleidungsstück tragen wird. Subtile Informationen über gesellschaftlichen Status, Macht und Ambitionen teilen sich durch das Verhalten des Trägers und durch die von ihm getroffenen Entscheidungen in puncto Stoff und Stil mit: Nadelstreifen oder Plaid, Revers mit Crochetwinkel oder steigendes Revers, Rückenmittelschlitz oder Seitenschlitze und so fort. Der Schneider nimmt ganz buchstäblich Maß bei dem Mann, der den Stolz zu verspüren beginnt, der sich einstellt, wenn man Kleider trägt, die speziell für den eigenen Körper zugeschnitten und genäht worden sind, Kleider, die ihn als selbstbewussten und vitalen Teilnehmer an der Gesellschaft in die Welt befördern sollen.

Der Anzug, den meine Mutter meinem Vater schneiderte, war makellos. Er sagte mir, dass er ihn getragen habe, bis er verschlissen gewesen sei. Die Kunstfertigkeit meiner Mutter als Schneiderin zeigt sich bei allen Kleidern, die sie je angefertigt hat. Doch was die Kleidungsstücke angeht, die sie als tragbare Kunstwerke favorisierte – und ohne Erfolg als ihre Peace-Goods-Kollektion zu vermarkten versuchte –, stellt sich das Problem der Kraft. Die Kraft des Gewandes meiner Mutter war die Kraft, die am Ende ihres Lebens am stärksten bei ihr war. Es war ihre Kraft, die Menschen wegzudrängen, die sie liebte. Das Gewand besitzt Schönheit, so wie auch meine Mutter Schönheit besaß, eine Frau, die in jungen Jahren lebhaft, verspielt und von eindrucksvollem Äußeren war und selbst im schlimmsten Stadium ihrer Krankheit nie die Fähigkeit zu lachen verlor. Bei einem frisch mit ihrem Kimono konfrontierten Menschen aber wird die nackte Unschuld, die er offenbart, wahrscheinlich jeder Empathie trotzen. Wenn das geschieht, wird das Gespräch zwischen dem Hersteller, dem Träger und dem Betrachter von Kleidungsstücken, das Gespräch, das uns allen schlicht dadurch offen steht, dass wir in einer Welt leben, in der man sich kleidet, unterbrochen.

Dass sie sich in ihrem Handwerk und in den Traditionen der Mode so gründlich auskannte und dass sie in ihrem letzten Lebensjahrzehnt derart deklamatorische und zugleich undurchschaubare Kleider, derart merkwürdige Sachen zum Tragen schuf, verleiht ihren Kreationen – im Lichte ihres verächtlichen Rückzugs von den Menschen und der öffentlichen Welt – eine höchste, unerwartete Würde. Inzwischen ist mir, anders als zu ihren Lebzeiten, klar, dass sie, so gewalttätig oder wahnhaft verblendet sie auch gewesen sein mag, während ich aufwuchs, immerhin arbeitete. Sie rauchte und trank sich ins Grab, und dennoch schaffte sie es, in ihren Seminarräumen am College, in ihrem Laden in der Nähe des Flusses und in ihrem Haus am Ende der Straße weiterzumachen und durchzuhalten. «Tod? Oder Leben?», scheint der Kimono zu fragen. Weil die applizierten Symbole, die diese Fragen bilden, so gut zur Vorstellung des heidnischen Zeremoniells passen und dennoch so kindlich und verwirrend sind, wendet sich der Betrachter von dem Kleidungsstück ab und beschäftigt sich mit der Trägerin. Aber meine Mutter in ihrem Gewand ist nirgendwo zu finden. Ihr Innenleben ist auf die Oberfläche des Kimonos befördert worden.

Meine Mutter lebte ihr Leben so, dass sie den Tod geradezu herausforderte. Als man bei ihr Krebs diagnostizierte und ihre Ärzte sie umgehend aufforderten, mit dem Rauchen aufzuhören, schaffte sie das binnen weniger Tage und schien hinterher kaum noch an das Rauchen zu denken oder zu bedauern, dass sie je geraucht hatte. Das Rauchen hatte sie an den Punkt gebracht, wo die wichtigsten sich widerstreitenden Züge in ihrem

Bewusstsein von sich selbst – als visionäres Kind und als Frau mit gebrochenem Herzen – zusammenliefen, sie in einem höheren Sinne heilten und sie in Frieden sterben ließen.

Meine Sorge um sie dauert auch Jahre nach ihrem Tod noch fort. Vielleicht ist es Sorge, was ich zu überwinden versuche, wenn ich mit meiner toten Mutter rede, wie ich es an jenem Abend im Treppenhaus der New York Public Library tat. Ich brütete über irgendein Problem nach, das zwischen uns bestanden hatte, und teilte ihr laut (wenn auch nicht allzu laut) meine Gedanken dazu mit. Im Erdgeschoss angelangt, stellte ich mir kurz vor, wie sie unter der Decke schwebte. Ihrem Seidenkimono aufgestickt waren Proviant und Begleiter für ihre geflügelte Reise in die Ewigkeit. «Mom!», sagte ich, und bei diesem Ausruf warf ich keinen Blick über die Schulter, wagte nicht, sie in jenem flüchtigen Moment in bescheidener Höhe über dem Boden zu sehen – meine Mutter, die gar nicht da war.

TEIL 5

Ich habe mich oft gefragt, was wohl aus meiner Mutter geworden wäre, als sie 1983 endgültig mit dem Trinken aufhörte, wenn ihr Vater nicht gewesen wäre, der sich, wie ich vermute, jeden Tag seines Lebens als Vater Sorgen um seine Tochter gemacht hat und in den Jahren vor seinem Tod mit neunzig unbedingt – hauptsächlich von mir, aber auch von meiner Schwester – bestätigt haben wollte, dass seine Tochter eines Tages ihren Zorn überwinden und sich in der Welt einen Platz schaffen würde.

«Don, was meinst du zu den Aussichten deiner Mutter?», fragte er mich jedes Mal, wenn ich ihn und meine Großmutter in North Carolina besuchte. «Meinst du, es geht ihr gut?»

Gut? Ich wusste nie so recht, was ich darauf sagen sollte. Sollte ich die Wahrheit sagen und riskieren, ihn aufzuregen? Manchmal sagte ich gar nichts. Ich weiß noch, wie ich in dem Haus an der McCoy Cove Road auf dem Sofa saß und mir hilflos vorkam, während ich durch das Wohnzimmerfenster auf die niedrigen grauen Berge nahebei schaute.

Anders als viele Eigenheime in den Black Mountains, die als Ferienhäuser im Arts-and-Crafts-Stil gebaut worden sind, war das Haus meiner Großeltern weder schön noch bemerkenswert, aber es war ein gutes Haus, und meine Großeltern hatten es noch mit siebzig, achtzig Jahren gewissenhaft instand gehalten, genau wie den schmalen, abfallenden Garten, an den sich weiter hinten schattige, einen Gartentisch überwölbende Bäume sowie der Gemüsegarten meines Großvaters und die Blumenbeete meiner Großmutter anschlossen. Dort hinten gab es außerdem eine Garage, am Ende der Einfahrt, die am Haus vorbeiführte, während sie die Steigung von der Straße her überwand. Manchmal, wenn er in Erzähllaune war, entschlüpfte mein Großvater durch die Küche, über den Hof und die Einfahrt hinauf in seine Werkstatt hinter der Garage. Kurz darauf kam er, sicher auf den Beinen und auf einem Zahnstocher oder einem Stück Kaugummi kauend, wieder ins Haus, ließ sich in seinem Sessel nieder und begann wortreich zu sprechen. Meine Großmutter stand dann oft auf und ging aus dem Zimmer, weil sie seine Trinkerei missbilligte.

Von den Geschichten, die er erzählte, mochte ich die am liebsten, die in den Bergen spielten. Meine Großeltern hatten ihre Abschlussprüfung am Tusculum College in Greenville, Tennessee, gemacht – sie 1926, er ein Jahr später. Etwa zu der Zeit, als sie dort waren, stiftete, so meine Erinnerung an eine seiner Erzählungen, eine

Witwe, die in Miami lebte, ein Stipendium. Sie hegte, soweit er das meiner Erinnerung nach verstanden hatte, den Wunsch, einen Teil ihres Geldes für die Ausbildung von Studenten aus den ärmeren Schichten der westlichen Appalachen zu verwenden. Wie ich mich zu erinnern meine, war sie selbst ein Kind der Berge und hatte via Bildung ihren Weg in die moderne Welt gefunden. Weil die Schüler, die mit diesem Stipendium nach Tusculum kamen, große Lücken hatten, ließ ihnen das College eine umfassende Bildung angedeihen. Im Gegenzug verpflichteten sich die immatrikulierten Männer und Frauen – die ein Medizin-, Jura- oder Ingenieursstudium hätten anschließen können, häufig aber mit der Lehrbefähigung abgingen –, in ihre Heimatgemeinden zurückzukehren und dort für eine festgelegte Anzahl von Jahren zu leben und zu arbeiten.

Weder meine Großmutter noch mein Großvater waren Empfänger dieses Stipendiums. Doch mein Großvater suchte nach seinem Examen eine Zeit lang nach geeigneten Kandidaten. Er erzählte davon, wie er mit einem Ford Modell A auf unbefestigen Wegen über Hügel und durch schmale Bergsenken gefahren war; manchmal, sagte er, sei er sogar Flussbetten entlanggefahren. Wenn er auf ein Haus oder auf eine kleine, am Existenzminimum wirtschaftende Farm stieß, stieg er aus und fragte die Bewohner, ob sie von irgendwelchen jungen Leuten wüssten, die vielleicht Lust hätten, aufs College zu gehen. Ob es welche gebe, die Anzeichen dafür erkennen ließen, dass sie fürs College infrage kamen.

In einer seiner Geschichten fuhr mein Großvater ein steiniges Flussbett entlang, das auf einen Bergweiler zuführte. Während er sich dem Weiler näherte, hörte er aus der Dunkelheit hinter den Bäumen Gewehrschüsse hallen. Als er nahe genug kam, um Gebäude erkennen zu können, ließ das Feuer nach. Er kam auf eine Lichtung, umgeben von alten Behausungen mit voll gestellten Veranden, auf denen, so meine ich mich an seine Erzählung zu erinnern, Hunde und Kinder saßen und ihn beäugten. Es war ein armer Ort, wie die meisten, die er bei diesem Job besuchte, ein Ort, den ich mir als Szenerie auf einem Foto von Walker Evans oder einem der anderen Fotografen vorstelle, die während der Weltwirtschaftskrise für die Works Progress Administration arbeiteten. An jenem Tag traten Männer mit auf den Boden gerichteten Gewehren auf die Lichtung – sie kamen von hier und da, nicht in einer Gruppe – und umringten den Wagen meines Großvaters, wo sie höflich mit ihm besprachen, was ihn hergeführt hatte. Als das erledigt war, stieg mein Großvater wieder in seinen Wagen und fuhr weiter. Ich kann mir vorstellen, wie einer der Männer zu ihm sagte: «Fahren Sie weiter da rauf, da finden Sie einen», und dann zum Abschied die Hand hob. Die Bergbewohner zogen sich in den Wald zurück, aus dem sie gekommen waren, und nachdem sich mein Großvater ein kurzes Stück entfernt hatte, ging das Gewehrfeuer weiter. Mir ist nicht ganz klar, ob mein Großvater mit Sicherheit wusste oder nur voller Überzeugung glaubte, dass die Männer aufeinander geschossen hatten. Aber ich erinnere mich, dass er manchmal über die Fehde zwischen den Hatfields und den McCoys sprach, die sich in den Bergen von West Virginia und Kentucky abgespielt hatte, gar nicht so furchtbar weit nördlich von dem Farmland in Tennessee, wo er und meine Großmutter aufgewachsen waren. Im Zuge der Fehde zwischen den Hatfields und den McCoys kam es zu etlichen Morden und einer Liebesaffäre. Sie dauerte allerdings entgegen der Folklore nicht jahrzehntelang, sondern von 1878 bis 1890 und übte eine ungeheure Faszination auf die Menschen aus, die während und kurz nach der Zeit, als sie für Furore sorgte, in jenem Teil der Welt lebten.

Laut meinem Großvater war einer der Studenten, die dank des Stipendiums der Witwe nach Tusculum kamen, in eine solche Fehde hineingeboren worden. O., ein Junge aus Kentucky, trug eine Handfeuerwaffe unter seiner Jacke, als er im College eintraf. Sein Vater hatte einen Mann getötet und war untergetaucht – er hielt sich nicht so sehr vor dem Gesetz als vielmehr vor der Sippe des Opfers versteckt –, und für den Fall, dass sein Vater von den Verwandten des Mannes getötet werden würde, hatte O. geschworen, seinen Tod zu rächen. Aus diesem Grund legte er den Revolver niemals ab.

«Brachte er ihn auch in die Seminare mit?», fragte ich beispielsweise meinen Großvater und unterbrach damit den Erzählfluss. Hatte er ihn samstagabends bei Tanzveranstaltungen im Hosenbund stecken? Hatte er ihn geladen neben seinen Büchern auf dem Schreibtisch liegen? Mein Großvater hielt das alles durchaus für möglich. O. war jederzeit bereit, die Schule zu verlassen und einen Rachefeldzug zu starten.

Bis dahin studierte er Literatur. Seinerzeit war es üblich, so die Geschichte, dass die Studenten zur Abschlussfeier ein Stück inszenierten, und in seinem letzten Studienjahr wurde O. von seinen Lehrern aufgefordert, dieses Stück zu schreiben. Mein Großvater behauptete, er habe diese Inszenierung gesehen, und beschrieb das Werk als liebevolles Porträt von O.s Familie und als unromantische, wenn auch ziemlich komische Darstellung provinzieller Armut, strenger Religiosität und schweren Alkoholismus. Es war wohl – wenn ich die Kommentare meines Großvaters zu dem Stück richtig verstanden habe – ein Werk des amerikanischen Naturalismus, möglicherweise ein unbeabsichtigt naturalistisches Werk und, so vermute ich, angelehnt an einen Stil, der sich in den Jahren zwischen den beiden Weltkriegen auf der amerikanischen Bühne durchsetzte. Dieser Stil ist kennzeichnend für die Werke von Eugene O'Neill und anderen, die bei George Pierce Baker studiert hatten; dessen Seminare in Harvard holten die Theaterliteratur aus dem rein akademischen Kontext und stellten sie in einen konkreten, für gesellschaftliche Veränderungen aufgeschlossenen Zusammenhang. Bedeutende Stücke sind authentische, lebendige Geschichten einer Kultur: Bakers Auffassung nach brauchten die damals für die amerikanische Bühne geschriebenen Stücke, damit sich die Gesellschaft in ihrem zeitgenössischen Theater gespiegelt finden konnte, ein Milieu, in dem eine praktische Ausbildung in professioneller

Bühnenkunst eine Klasse von Künstlern hervorbringen würde, die imstande waren, etwas zu ersinnen und zu vervollkommnen, was auf eine neue amerikanische Kunstform hinauslief. Bakers berühmte Seminare wurden zu einer Grundlage für die 1925 gegründete Yale School of Drama. Laut meinem Großvater war der Redner auf der Abschlussfeier von O.s Jahrgang in Tusculum ein Kollege von Baker, der an der Drama School in New Haven lehrte. Nach der Aufführung von O.s Stück, das, als der Vorhang fiel, begeisterten Applaus bekam, versprach dieser Gastredner, von O.s unerwartetem Talent völlig verblüfft, diesem vor Gott und den zur Abschlussfeier Versammelten, ihm einen Platz in Yale zu verschaffen.

«Und was ist daraus geworden?», fragte ich meinen Großvater manchmal an diesem Punkt der Geschichte. Es war eine eingespielte Wechselrede.

Er kaute auf seinem Zahnstocher. «Wenn ich mich recht entsinne, ist er nach New Haven gegangen und war ein, zwei Jahre dort. Ich glaube, in New York ist sogar ein Stück von ihm aufgeführt worden.»

«Hat er seinen Revolver mitgenommen?»

«Ich denke schon. Er wollte imstande sein, sofort loszuziehen, wenn es sein musste. Noch nicht einmal die Zeit zum Packen wollte er sich nehmen. Er wollte mit dem ersten Zug nach Hause fahren. Tja, eines Tages bekam er Nachricht, dass sein Vater erschossen worden sei. Das war es, worauf er gewartet hatte. Er faltete das Telegramm zusammen, steckte es in seine Tasche, marschierte zum Bahnhof und wurde in Yale nie wieder gesehen.»

«Er ist in die Berge gegangen.»

«Ja. Er hat den Mörder seines Vaters jahrelang gesucht, aber er hat ihn nie gefunden.»

«Nie.»

«Vor einigen Jahren war ich in Kentucky, Don, und habe ihn dort ausfindig gemacht. Er hat mir erzählt, dass er sich nach seinem Abgang von Yale nur noch der Suche nach dem Mörder gewidmet habe. Aber irgendwann sei ihm klar geworden, dass er ihn ganz einfach nicht finden würde. Das infrage kommende Gebiet war zu groß. Don, wenn du Pech hast, gehst du fünf Meter weit in diese Wälder hinein, verlierst jede Orientierung und kommst nie wieder heraus. Also hat er es aufgegeben. Er ist Lehrer geworden. Als ich ihn gefunden habe, war er schon lange pensioniert.»

«Hat er weiter geschrieben?»

«Das ist eine gute Frage. Ich weiß es nicht. Ich glaube nicht, Don. Ich glaube nicht. Es war zu viel Zeit vergangen.»

Doch zurück zur vorliegenden Geschichte:

1994 zogen meine Großeltern, zu alt, um ihr Haus instand zu halten, in eine nahe gelegene Einrichtung für betreutes Wohnen, wo sie ein kleines Apartment mit einem winzigen, mit Blumen bepflanzten Hof bezogen. Mehrmals besuchte ich sie dort – ein schlafloser Mann Mitte dreißig, der die langen Flure eines ländlichen Seniorenheims entlangging. Von diesen Reisen ist mir in Erinnerung geblieben, dass die Männer und Frauen dort, die mir bei meiner Ankunft jedes Mal alt vorkamen, mit dem Verstreichen der Tage jünger und schöner wirkten. Besonders die Frauen zeigten in ihrem Lachen und ihrem Lächeln, in der Art, wie sie etwa rasch den Blick abwandten, wenn sie merkten, dass man sie ansah, Spuren ihrer Jugend. Mich bezauberten die Damen im Freundes- und Bekanntenkreis meiner Großeltern, und ich lernte zu verstehen, dass eine Frau gegen Ende ihres Lebens ihre Verführungskräfte noch keineswegs eingebüßt hat. Wenn ich nach dem Mittagessen vorbeischaute, um Guten Tag zu sagen, konnte es passieren, dass ich einer Urgroßmutter aus Richmond oder Atlanta in die Augen schaute und das Mädchen sah oder zu sehen meinte, dem noch nicht klar geworden war, dass, was und wer auch immer ihr bevorstand – der Ehemann, der sterben würde, ihre Kinder und deren Kinder, die längst in ferne Städte gezogen waren –, ganz rasch kommen und vergehen konnte.

Eines Nachmittags im Jahre 1995, als ich mich mit meinem Großvater über Dinge unterhielt, die sich vor meiner Geburt ereignet hatten, sah ich einen verblüfften Ausdruck über sein Gesicht huschen, als hätte er etwas Unerwartetes gesehen, und war mir in jenem Moment sicher, dass er das schnelle Verstreichen der Zeit gespürt hatte. Einen Monat später, an einem Oktoberabend, ging er ins Badezimmer, hatte einen Herzanfall und stürzte zu Boden. Er war neunzig. Vier Jahre später, im Sommer 1999, folgte meine Großmutter ihm im Schlaf nach. Und wiederum zwei Wochen später hatte meine Mutter, die in dem Jahr nach dem Tod ihres Vaters nach North Carolina gezogen war, einen Zusammenbruch und wurde mit dem Krankenwagen in eine Klinik in Asheville gebracht.

Überraschend kam das nicht. Bei der Beerdigung ihrer Mutter hatte ihr Gesicht erschöpft und grau ausgesehen, eine Farbe wie feuchte Asche, und sie hatte Fieber gehabt und gezittert. Sie hatte kaum stehen können. Wann war meine Mutter so eine alte Frau geworden? Ihr Husten hatte sich zum reinsten Albtraum entwickelt, schrecklich anzuhören. Beim Trauergottesdienst für ihre Mutter konnte man die Sorge und das Unbehagen der Menschen spüren, die in den Bankreihen hinter uns saßen: die älteren Freunde unserer Großeltern aus Kirchengemeinde und Stadt und die kleine Hand voll Verwandter, die in einem einzigen Wagen von East Tennessee aus über die Berge gefahren waren – Orbin, der Onkel meiner Mutter, ihre Cousine Annette und Tante Dorothy. Nach dem Gottesdienst fand meine Mutter zur Kirche hinaus, wo ihr Husten so lange nachließ, dass sie sich eine Zigarette anzünden und einen neuerlichen Anfall auslösen konnte.

An jenem Abend standen meine Schwester und ich auf der Veranda unseres Hotels, und ich sagte ihr, dass ich unsere Mutter für einen gefährlichen Menschen hielte. Ich wolle nicht mit unserer Mutter allein sein. Meiner Meinung nach werde sie nicht mehr lange leben. «Ein Jahr? Zwei Jahre?», mutmaßte ich. Dann schlug ich vor, wir beide sollten uns auf schlechte Nachrichten gefasst machen, denn wenn es so weit sei, würden wir allein uns um unsere sterbende Mutter kümmern müssen, die einen Großteil unserer Kindheit hindurch eine Trinkerin gewesen war, eine Frau, die wir als Quälgeist erlebt hatten – und in unseren Erinnerungen, in unserem Bewusstsein von uns selbst und in unseren Körpern wohl noch immer so erleben.

Ich erinnere mich an mein Telefongespräch mit meiner Mutter etwas mehr als eine Woche nach der Beerdigung meiner Großmutter. Es war der Vormittag, nachdem sie in die Klinik in Asheville eingeliefert worden war. Ich war wieder in Brooklyn und hockte auf einer niedrigen Ottomane – zusammengeduckt, als würde ich mich in meiner eigenen Wohnung verstecken. Ich drückte mir den Hörer ans Ohr, und meine Mutter flüsterte, sie sei bereit zu sterben und wisse, dass sie im Universum Frieden finden werde. Sie sagte mir, sie liebe mich und werde mich weiterlieben, wenn sie gestorben sei.

Nachdem ich das gehört hatte, führte ich ein Gespräch mit dem Pulmologen, der sie behandelte; er sagte mir, meine Mutter sei unheilbar krank und invasive oder aggressive Therapien kämen nicht infrage. Eine Strahlentherapie würde ihr noch zehn Monate bis ein Jahr verschaffen. Ließe man die bösartige Geschwulst unbehandelt wuchern, würden die durch die Blockade des einen Lungenflügels hervorgerufenen Infektionen sie in der Hälfte dieser Zeit umbringen.

«Ihre Mutter hat klar zu verstehen gegeben, dass sie beabsichtigt, die Strahlentherapie zu verweigern», sagte er mir.

Wir unterhielten uns noch eine Zeit lang. Er fragte mich, wie es bei mir mit dem Rauchen stehe, und ich gab einen gewissen Zigarettenkonsum zu; er meinte, dass es besser wäre, es zu lassen, und ich pflichtete bei. Ich bedankte mich, legte auf, verließ dann das Wohnzimmer und ging den Flur entlang, vorbei an dem trübe erleuchteten Bad und dem kleinen Extrazimmer, das binnen kurzem überquellen würde von Kommoden mit Marmorplatten, aufgerollten und zusammengefalteten Teppichen, sorgfältig eingeschlagenen und in Kisten verpackten kleineren Stücken, geborgen aus dem Haus meiner Großeltern an der McCoy Cove Road, und, aus dem Haus meiner Mutter, alten Kunstwerken, einer Art-nouveau-Lampe, einer Buntglasvase und einer Elfenbeinbrosche – all den verschiedenen Habseligkeiten, von denen ich mich nicht trennen konnte, mit denen ich aber auch, fürchte ich, niemals zu leben lernen werde. Ich ging, wie gesagt, den Flur entlang zum Schlafzimmer, wo R., meine damalige Freundin, unter der Decke wartete. Ich legte mich neben sie ins Bett, und nachdem ich lange geweint hatte, schliefen sie und ich miteinander, und irgendwann am Tag stand ich auf, rief die Fluglinien an, packte einen Koffer und brach früh am nächsten Morgen auf.

Mein erster Zwischenstopp war der Flughafen von Charlotte. Von einer Telefonzelle im Terminal für Inlandsflüge aus rief ich meinen Vater in Miami an. Ich sagte ihm, wie die Dinge standen, und er sagte mir, wie leid ihm das tue, und dann verstummten wir. Ich weiß noch, dass ich darauf wartete, dass er mehr sagte. Oder wartete mein Vater darauf, dass ich etwas sagte? Immerhin waren er und meine Mutter schon auf der Highschool ein Paar gewesen. Vor nicht allzu langer Zeit habe ich, als ich eine Schachtel mit Familienfotos durchsah, ein Bild gefunden, das aus einer in Sarasota erscheinenden Zeitung ausgeschnitten war.

«Mitglieder der Panhellenic Association amüsierten sich diese Woche auf einer Tanzveranstaltung im Tropicana», beginnt die Bildunterschrift. Meine künftigen Eltern, in den Semesterferien nach Hause gekommen, sitzen an einem Tisch einem anderen Paar gegenüber. Wir schreiben die Mitte der Fünfziger, und meine Mutter trägt schwarze Abendhandschuhe; ihre Hände liegen auf dem Tisch, über den ein schlichtes weißes Tischtuch gebreitet ist. Sie hat ein ärmelloses, rückenfreies weißes Kleid an, das mit einem Band aus dunklerem Stoff am Hals befestigt ist – es sieht so aus, lässt sich aber nicht mit Sicherheit sagen, als hätte das Band als Verschluss eine Brosche. Ihr Haar ist zu einer im Detail schwer erkennbaren Frisur aus dem Gesicht gekämmt. Sie trägt Modeschmuck-Perlenohrringe, wie sie sie meiner Erinnerung nach zu Partys anlegte, als ich ein Junge war. Lächelnd hat sie den Blick gesenkt und von ihrem künftigen Ehemann abgewandt, der neben ihr sitzt – aus der Perspektive der Kamera mehr oder weniger hinter ihr. Er trägt ein dunkles Jackett, eine schmale Krawatte mit kleinem Knoten und ein weißes Einstecktuch und beugt sich, einen Ellbogen auf den Tisch gestützt, nahe heran. Seine offene Hand liegt neben ihrem nackten Arm. Aber er berührt sie offenbar nicht. Stattdessen starrt er ihr Profil an. Er taxiert sie ganz offen und hemmungslos. Und meine künftige Mutter, die sich seines Blickes bewusst ist, sich bewusst ist, dass sie von ihm (und von der Kamera) *gesehen* wird – ist eine verlockend schöne, schüchterne junge Frau. Sofern ich mich nicht täusche, ist sie verliebt.

An jenem Tag am Telefon im Flughafen von Charlotte hörte ich mir an, wie mein Vater den Hurrikan Floyd schilderte, der in diesem Moment auf Miami zuraste. Man rechnete damit, dass Floyd mit noch größerer Gewalt auf die Küste treffen würde als 1992 Andrew, der ganze Stadtteile verwüstet hatte. Mein Vater war damit beschäftigt, sein Haus sturmfest zu machen. Er und seine Frau hatten damals zwei alte, kranke Katzen, die mein Vater abgöttisch liebte. Er erzählte mir, dass er und meine Stiefmutter vorhatten, das Ende des Sturms zusammen mit ihren Haustieren in einem verrammelten Schlafzimmerschrank abzuwarten.

«Was?»

Mein Vater und seine Frau waren Professoren an einer Universität in Miami. Der Campus würde doch bestimmt besseren Schutz bieten als ihr Haus. Richtig, sagte mir mein Vater. Leider wurden in den Schutzräumen dort keine Tiere aufgenommen. Ich dachte über das nach, was er mir da erzählte, dann brüllte ich: «Dad, wenn du deine Katzen mit deinem Körper vor einem Hurrikan der Stärke fünf schützen willst, kann ich dir auch nicht helfen! Meine Mutter liegt im Sterben! Sie liegt im Sterben!»

Ich knallte den Hörer auf die Gabel, zeigte am Gate meine Bordkarte und marschierte zu dem Flugzeug nach Asheville. Ich atmete schwer, und ich schwitzte. Die Liebe meines Vaters zu seinen Tieren hatte mich die Beherrschung verlieren lassen – und was hatte ich anderes getan, als wütend meine eigene Machtlosigkeit zu zeigen?

Über die Jahre habe ich mir eine gewisse Machtlosigkeit unter anderem dadurch erhalten, dass ich es versäumt habe, meinen Führerschein verlängern zu lassen. Ich hatte ihn in Florida gemacht und während meiner gesamten College-Zeit benutzt, ließ ihn jedoch nach mehreren Jahren in New York ablaufen und lernte, wie ein Europäer, auf öffentliche und kommerzielle Transportmittel zurückzugreifen. Meine Schwester würde in zwei Tagen zu mir stoßen; sie konnte einen Wagen mieten. Während des Fluges starrte ich aus dem Fenster auf die Smokies unter mir. Es war ein klarer, heißer Septembertag. Das auf Windströmungen hüpfende Flugzeug steuerte in die Sonne. Nach der Landung, ganz allein mit dem Fahrer in einem riesigen Kleinbus, den ich gemietet hatte, um vom Flughafen zum Krankenhaus zu gelangen, sah ich zu, wie hinter dem westlichen Kamm derselben grünen Berge, die ich vom Flugzeug aus gesehen hatte, das Tageslicht verblasste.

Im Mission-St. Joseph's Hospital brauchte ich eine Zeit lang, um das Zimmer meiner Mutter zu finden. Ich verlor die Orientierung und fuhr mit Fahrstühlen auf und ab. Die alten Leute, denen ich auf den Fluren über den Weg lief, sahen weder schön noch jugendlich aus. In den Räumen in dem Flur, der zum Zimmer meiner Mutter führte – die Tür war wegen ihrer Lungeninfektion mit grellfarbenen Quarantäne-Aufklebern bepflastert –, rangen nicht wenige nach Atem.

Ich klopfte leise, machte die Tür auf und lugte hinein. Sie saß bei hochgestelltem Rückenteil in ihrem Bett. «Mom?»

«Don?»

Ich stellte meinen Koffer ab, ging durch das Zimmer, beugte mich vor und umarmte sie vorsichtig, um die Schläuche und Kabel, die sie mit allerlei Geräten verbanden, nicht durcheinander zu bringen.

«Wie fühlst du dich?»

«Nicht besonders.»

«Das tut mir leid.»

«Das muss dir nicht leidtun, Don. Hattest du eine gute Reise? Ich bin froh, dass du da bist. Danke, dass du gekommen bist», sagte sie. Danach bemühten wir uns eine Zeit lang, uns so zu unterhalten, als wäre nichts Außergewöhnliches im Gange – wie es Menschen in Krisen eben tun –, und plötzlich fragte sie: «Don, widmest du mir dein nächstes Buch?»

Mein erstes Buch hatte ich ihren Eltern, das zweite meinem Vater und seinem Bruder Eldridge gewidmet, der 1992 gestorben war. Das dritte, das von einigen Psychoanalytikern auf Abwegen in einer namenlosen Großstadt handelte, sollte Anfang 2000 erscheinen.

Ich saß in der Falle. Sie war eindeutig als Nächste an der Reihe. Aber ich hatte keine besondere Lust, meiner Mutter ein Buch zu widmen – schon gar nicht auf Verlangen, wie ich das in diesem Moment empfand. Ich stand in ihrem Krankenhauszimmer und sagte:

«Nein.»

«Nein?»

«Was ich damit sagen will, ist, dass das neue Buch – es eignet sich nicht für eine Widmung. Ich habe beschlossen, es niemandem zu widmen.» Wie bitte?

«Aha. Wirst du mir irgendwann eines widmen?»

«Natürlich», versprach ich und fuhr verzweifelt fort: «Es muss das richtige Buch sein. Verstehst du, was ich meine? Mom?»

«Nein. Das verstehe ich nicht, Don. Ich werde sterben.»

«Ach, Mom.»

Eine Schwester kam ins Zimmer und versuchte mit meiner Mutter über häusliche Pflege zu reden. Meine Mutter hielt dies für sinnlos, denn sie war selbständig zu der Überzeugung gekommen, dass der Krebs auf ihr Gehirn übergegriffen habe. Sie hoffte, vom Krankenhaus direkt in ein Hospiz zu kommen, wie sie für Leute im letzten Stadium einer Krankheit gedacht sind. Ich weiß noch, dass ihr silberhaariger Hausarzt auf seiner abendlichen Runde vorbeischaute, aber nur kurz blieb. Ich hatte mir im teuersten Hotel von Asheville, weit weg auf der anderen Seite der Stadt, ein Zimmer für eine Nacht reservieren lassen. In irgendeinem unerschwinglichen Haus, weit weg von den die Realität bestimmenden Umständen, hatte ich geglaubt, würde ich mich – ja wie eigentlich fühlen? Behütet? Ich sagte meiner Mutter, ich würde früh am nächsten Tag wiederkommen, bestellte mir ein Taxi (es dauerte lange, bis es kam) und fand, als ich beim Hotel ankam, die Speisesäle geschlossen. Ich wanderte an leeren Ball- und Konferenzsälen vorbei und machte, nachdem ich mehrmals falsch abgebogen war, mein Zimmer ausfindig, wo ich bis zur Morgendämmerung wach blieb, in vom Zimmerservice gebrachtem Essen stocherte, fernsah und wünschte, ich könnte die hermetisch verschlossenen Fenster öffnen.

Die Fenster gingen auf eine Baustelle. Das Hotel bekam einen neuen Flügel. Ganz plötzlich war die Sonne aufgegangen, und die Arbeit mit schwerem Gerät hatte begonnen. Ich stand auf und trank Kaffee, eine Tasse nach der anderen. Ich hatte einen Termin mit einem Anwalt vereinbart, der im Auftrag meiner Mutter einen Prozess gegen den Vorbesitzer ihres Hauses, den beim Verkauf eingeschalteten Immobilienmakler und den Besitzer einer in Black Mountain ansässigen Ölfirma angestrengt hatte. Kurz nach ihrem Einzug 1997 hatte sie Dämpfe gerochen. Durch ein Leck in dem Heizöltank in ihrem Keller war Öl in den Mutterboden eingedrungen. Ohne eine Unbedenklichkeitsbescheinigung der Umweltschutzbehörde wäre ihr Haus – das sie bar bezahlt hatte – wertlos. Das Schadenersatzverfahren zog sich nun schon über ein Jahr hin, und meine Mutter hatte sich in Black Mountain Feinde geschaffen. Ich rannte nach unten, um mich mit dem Anwalt zu treffen, der seinem Terminplan schon jetzt hinterherhinkte. Er bot an, mich ins Krankenhaus zu fahren und unterwegs mit mir zu reden. Auf der Fahrt durch Asheville sagte er mir, ich solle mir über das Öl unter dem Haus keine Sorgen machen. Er sagte mir, er bewundere meine Mutter, die in seinen Augen ein mutiger Mensch war. Er fragte mich, ob ich verheiratet sei.

«Nein.»

«Nein? Wieso nicht? Sie sollten es unbedingt probieren», sagte er und schilderte sodann das Glück seiner zweiten Ehe, dank deren die Kinder aus seiner ersten Ehe und aus der ersten Ehe seiner Frau zu einer einzigen Familie vereinigt worden seien.

Im Krankenhaus beklagte sich meine Mutter, dass ihr behandelnder Arzt an jenem Tag nicht gekommen sei. Eine der Schwestern sagte, er sei möglicherweise in der Notaufnahme. Ich ging nach unten und betrat das Labyrinth der Flure, die zur Notaufnahme führten. Dort angekommen, sah ich durch die Glastür der Station den Hausarzt meiner Mutter. Ich stieß die Schwingtür auf, marschierte an Schwestern vorbei und fragte ihn, ob ich ihn sprechen könne. Er legte sein Klemmbrett weg, wir unterhielten uns – wie zwei Menschen, die dabei sind, einander kennen zu lernen –, und er sagte mir: «Langfristig können wir nichts gegen den Krebs Ihrer Mutter ausrichten, aber wir können ihr mehr Zeit verschaffen, und sie muss nicht leiden.»

«Ich verstehe.»

«Sprechen Sie mit ihr über eine Strahlenbehandlung. Sie ist ein verständiger Mensch.»

«Ich tue, was ich kann», versprach ich. Auf dem Weg zu ihr kam mir allerdings der Gedanke, dass es mir vielleicht lieber wäre, wenn sie früher anstatt später abträte. Als meine Großmutter gestorben war, hatte meine Mutter verkündet, dass sie nun endlich, von elterlichen Zwängen befreit, auf die San Juan Islands ziehen könne, einen Ort, an dem sie noch nie gewesen war, von dem sie jedoch glaubte, dass es sich um ein Paradies für Künstlerinnen handele. Und nun hatte ich selbst eine Phantasie über die Freiheit, nach Glück streben zu können. Ich hatte nichts weiter zu tun, dachte ich, als zu respektieren, dass sie jegliche medizinische Behandlung ablehnte, und sie würde bis Weihnachten an einem Fieber sterben, durch das sie ohnehin nicht bei sich sein würde.

In ihr Zimmer zurückgekehrt, sagte ich ihr jedoch, dass ihre Ärzte nicht heimlich planten, ihr Schaden zuzufügen. «Es sind Ärzte, Mom. Sie haben einen Eid abgelegt.» Und ich bat sie: «Versuchst du es mit einer Strahlentherapie?»

«Ich überlege es mir.»

«Versuchst du es? Bitte!»

«Ich habe gesagt, ich überlege es mir.»

Eine Hospizmitarbeiterin erschien und meine Mutter sagte: «Er ist in meinem Gehirn! Ich spüre den Krebs in meinem Gehirn!»

Die Frau sagte: «Normalerweise spürt man ihn nicht auf diese Weise.» Dann wandte sie sich an mich und sagte, am nächsten Morgen müsse jemand im Haus meiner Mutter sein. In aller Frühe sollten ein Krankenhausbett sowie ein Kompressor samt Schläuchen und Sauerstoffflaschen angeliefert werden.

Wie sich herausstellte, konnte mich eine Freundin meiner Mutter, die in der Nähe des Krankenhauses arbeitete, nach Black Mountain mitnehmen.

«Ich muss alles vorbereiten, Mom. In ein paar Tagen schmeißen sie dich hier raus.»

Sie drückte meine Hand, lachte und hustete. «Nur zu, Don.»

Auf der Fahrt erzählte mir die Freundin meiner Mutter von ihrem erwachsenen Sohn, den sie seit vielen Jahren nicht mehr gesehen hatte, weil er sich weigerte, sie zu besuchen. Ich nickte mitfühlend und starrte zum Fenster hinaus auf den Kudzu, der die Bäume und Pflanzen entlang dem Highway strangulierte.

«Ich weiß nicht, ob Ihre Mutter Ihnen von ihren Theorien über Ihre Familie erzählt hat. Vermutlich nicht», sagte die Freundin.

«Was denn für Theorien?»

«Ihre Mutter glaubt, dass ihr Vater nicht ihr Vater ist. Dass es im Leben Ihrer Großmutter einen anderen Mann gegeben hat.»

«Du lieber Gott.»

«Warum sagt Ihre Mutter so etwas?»

«Ich weiß es nicht. Was vermuten Sie, als Ihre Freundin?»

«Wir stehen uns nicht mehr sehr nahe», sagte die Freundin und machte eine Bemerkung über die Gabe meiner Mutter, Leute gegeneinander auszuspielen. «Es ist schwer, jemandem nahe zu stehen, der Leute gegeneinander aufbringt.»

Wir näherten uns dem Monte Vista Hotel an der Main Street. Ich musste einchecken, im Fernsehen Berichte über den Hurrikan Floyd verfolgen, R. in New York anrufen und ihr etwas vorschwafeln, später versuchen, Schlaf zu finden, zu einer vernünftigen Zeit aufwachen und zur Stelle sein, wenn der Lastwagen zum Haus meiner Mutter ein paar Blocks weiter kam. Falls vor der Ankunft meiner Schwester noch Zeit blieb, konnte ich am frühen Nachmittag den Nachlassanwalt aufsuchen, der das Testament meiner Großmutter – und bald auch das meiner Mutter – abwickelte. Ich tat schließlich, was ich tun musste (dazu gehörte auch, dass ich irgendwann nach Mitternacht auf dem Rasen des Monte Vista stand und den Geist meines Großvaters um jederlei Erleuchtung anflehte, die er – es? – mir geben konnte), und bekam in der Anwaltskanzlei in einem Ziegelsteinhaus in einer ruhigen Straße zwei von meinem Großvater und meiner Großmutter Anfang der Achtziger unterzeichnete Gefälligkeitstestamente überreicht, deren zweites – das meiner Großmutter, das bereits gerichtlich bestätigt war – ihre sämtlichen weltlichen Güter meiner Mutter zuschlug.

Mein Großvater hinterließ keine großen Reichtümer. Wie viele Angehörige seiner Generation hatte er dem Aktienmarkt misstraut. Doch er hatte frugal gelebt und genügend gespart, um seiner Familie zu helfen, wenn sich Bedürftigkeiten ergaben. Vor seinem Tod hatte er uns gesagt, er beabsichtige, ein Testament aufzusetzen, in dem er alles, was nach seinem und dem Tod meiner Großmutter noch übrig sei, zwischen meiner Schwester, mir und unserer Mutter aufteilen würde, und zwar aus der Überlegung heraus, dass seine Enkelkinder inzwischen wie seine Tochter erwachsen seien.

«Das ist nicht das Testament. Das ist nicht das Testament», sagte ich immer wieder zu dem konsternierten Anwalt.

Und später an diesem Tag, als meine Schwester in dem Wagen eintraf, den sie am Flughafen von Charlotte, North Carolina, gemietet hatte, sagte ich, praktisch schon während sie die Tür aufmachte und ausstieg: «Mom hat uns beschissen.»

«Was?»

«Sie hat ein Testament von 1983 bestätigen lassen! Sie hat sich ein altes Testament aus dem Ordner geschnappt! Dem zufolge alles an sie geht!»

Wir richteten eine Arbeitsroutine ein, die sich stark an altmodischen Geschlechterrollen orientierte. Meine Schwester bewohnte das Haus unserer Mutter, rief bei Pflegediensten an und vereinbarte Gesprächstermine. Ich belegte die Hotelbar mit Beschlag und setzte mich von dieser Basis aus mit Ärzten, Anwälten und der Vermögensverwalterin in Verbindung. Ich sah meine Mutter als Selbstmörderin und Betrügerin, die ihre Kinder um ihr Geburtsrecht brachte, und ich hasste sie mit ihrem eingebildeten Gehirntumor und der Verleugnung ihres Vaters, ohne den sie sich verwaist und allein gefühlt haben muss, genau wie ich – was ich mit äußerster Schonungslosigkeit an dem Abend demonstrierte, an dem meine Schwester und ich auf der Interstate 40 zum Krankenhaus fuhren, wo wir den Koffer unserer Mutter packten, ihr Schuhe anzogen und sie in ihrem Rollstuhl am Schwesternzimmer vorbei in den Fahrstuhl und aus dem Fahrstuhl durch die weitläufige Eingangshalle des Krankenhauses in die appalachische Nacht hinausfuhren.

Wir halfen ihr auf den Beifahrersitz des Mietwagens. Ich entsinne mich noch, dass ich die Lehne zurückstellte, damit sie es bequemer hatte. Ich verstaute die Sauerstoffflasche und ihren Koffer hinten im Wagen, dann stieg ich ein. Ich weiß noch, dass ich hinter meiner Mutter saß und durch den Zwischenraum zwischen den Vordersitzen den durchsichtigen Schlauch verlaufen sah, der ihre Nasenlöcher mit der gedrungenen grünen Flasche verband, die wie ein sonderbarer Familienzuwachs neben mir lehnte.

«Wie geht's dir, Mom?», fragten meine Schwester und ich. «Wie fühlst du dich?»

«Okay, Kinder.»

Terry ließ den Motor an. Wir fuhren los. Ich konnte nicht widerstehen. An den Hinterkopf meiner Mutter gerichtet, sagte ich: «Mom, weißt du noch, was Granddaddy uns über sein Testament gesagt hat? Kurz vor seinem Tod?»

«Was fragst du mich das denn? Ich bin gerade aus dem Krankenhaus gekommen! Ich bin krank, Don! Ich bin *krank*! Kannst du mich denn nicht in Frieden lassen?»

«Don! Hör auf!» Dies von meiner Schwester.

Ich lehnte mich zurück. Ich hatte unsere Mutter zum Weinen gebracht. Wir fuhren unter den Geräuschen ihres

Schluchzens und Hustens nach Hause. Später, beim Haus angelangt, ging sie zu Bett und verkündete, dass Terry ihr für die Nacht Gesellschaft leisten solle. Ich musste ins Hotel.

Am nächsten und am übernächsten Tag hängte ich mich an das Telefon in der Hotelbar. Kein Mensch, mit dem ich sprach, hatte von einem anderen Testament gehört. Ich schlug das Branchenverzeichnis auf und las die Namen der in Asheville ansässigen Anwälte. Ich war entschlossen, meine Mutter bei einem, wie ich sicher zu wissen glaubte, absichtlichen Betrug zu ertappen. Wie konnte sie nur? Wie konnte sie sich unterstehen? Ich redete mir ein, dass ich der Sache auf den Grund gehen wollte. Ich war neugierig. Das war alles. Hatte es noch ein anderes Testament gegeben? Wo war es? Hatte mein Großvater von einem anderen Anwalt gesprochen?

Der Hurrikan Floyd hatte unterdessen die Richtung gewechselt und entfernte sich von der Küste von Florida. Für meinen Vater und seine Frau bestand keine Gefahr mehr. Das war wenigstens etwas. Aber was war mit dem ausgelaufenen Öl unter dem Haus meiner Mutter? Was mit dem Amt für Umweltschutz? Was mit der Strahlentherapie? Würde meine Mutter einer Strahlenbehandlung zustimmen? Würde sie ein Pflegeheim in Erwägung ziehen? Welches Pflegeheim?

Nachmittags räumte ich meine Papiere vom Tresen und ging den Hügel hinunter zum Haus. Hätten Sie damals in einem der Häuser in jenem Stadtteil gewohnt –

einem der Bruchsteinbungalows, deren Veranden meiner Erinnerung nach in langlebigen Grün- oder Brauntönen, Widerhall der nahe gelegenen, bewaldeten Berge, gestrichen waren; oder in einem der größeren Häuser, deren geräumigere Veranden bequeme Stühle zierten, die so aufgestellt waren, dass man einen Blick auf den Rasen hatte – und hätten Sie vor dem Haus gesessen oder an einem Fenster gestanden, hätten Sie vielleicht einen Mann vorbeistaksen sehen, der geschnürte Mokassins ohne Socken, von einem schmalen Gürtel gehaltene Khaki-Shorts und ein weißes, in den Hosenbund gestecktes Hemd trug. Wahrscheinlich hätten seine Hände in den Taschen gesteckt, und vielleicht wäre sein Kopf gesenkt gewesen, und seine Augen hätten finster die vor ihm liegende Straße fixiert. Hätten Sie sich vorgestellt, dass dieser angespannte Mann darauf aus war, Schande über seine eigene Mutter zu bringen, ihr vielleicht sogar die Polizei auf den Hals zu hetzen, seiner Mutter, die in diesem Augenblick unter großen Beschwerden auf dem Rücken lag, sich möglicherweise vorstellte, wie sie starb, oder sich vorstellte, wie sie rauchte und trank, oder versuchte, mit Hilfe ihrer Pillen ihr Bewusstsein auszuschalten und ein, zwei Stunden zu schlafen, während ihre Tochter in der Küche ein paar letzte Telefonate führte, auf einem Schreibblock zu erledigende Dinge abhakte und Teewasser kochte?

«Du siehst aus wie dein Vater», sagte meine Mutter eines Nachmittags zu mir, als ich ins Haus kam. Sie hatte Recht. Das aus Shorts und Hemd bestehende Outfit, das ich trug, entsprach ziemlich genau der Sommerkluft meines Vaters.

Es war schon lange her, dass mein Vater meine Mutter endgültig verlassen hatte, und ich hatte mir jahrelang ihre Kritik an ihm anhören müssen. Doch ich entsinne mich, dass ich sie einmal, als sie gerade ihr neues Leben in North Carolina aufnahm (ehe der Tod sozusagen um die Ecke auf sie zu warten begann), bat, mir von der Zeit zu erzählen, als sie sich das erste Mal getrennt hatten, und sie mich überraschte. Dass er, wie sie feststellen musste, schon früh in ihrer Ehe eine Liebesaffäre hatte, hat mit Sicherheit einen Teil ihres Selbstwertgefühls als erotisch unwiderstehliche Frau zunichte gemacht, ein Selbstwertgefühl, das sie wohl niemals zurückgewann und das ihr Alkoholismus, indem er nach und nach ihren Körper zerstörte und ihr Wohlbefinden und ihre geistige Klarheit untergrub, noch weiter zu zerrütten half.

Doch trotz allem, was ich heute weiß oder zu wissen glaube, gilt auch, dass meine Erinnerungen an das erste Zerwürfnis meiner Eltern unscharf sind. So sehe ich beispielsweise den Rand eines olivgrünen Teppichs auf einem Dielenboden und auf einem niedrigen Regal Taschenbücher mit blauen Rücken, alte Pelican-Ausgaben. Ich höre im Hintergrund eine Miles-Davis-Platte, *Porgy and Bess*, laufen. Der Ort heißt Gainesville, ich bin sechs Jahre alt und sehe im Aufblicken die Hintertür unseres Hauses. Die Küche ist leer; Vorhänge fallen über schwarze Fensterscheiben. Es ist Nacht, das Gebrüll hat aufgehört und die Tür ist offen: Jemand ist gegangen.

Fünfunddreißig Jahre später bat ich meine Mutter, ein paar Lücken zu füllen. Indem ich ihre Erinnerungen an ihr Leben mit ihm, oder an ihr Leben allein mit zwei kleinen Kindern, wachrief, riskierte ich, dass sie wütend auf mich wurde – auf *mich* –, als wäre ich mein Vater und sie spräche das letzte Wort über unsere Ehe.

Stattdessen erzählte sie mir von der Musik und den Kunstwerken, mit denen er sie bekannt gemacht hatte, von der Lyrik, die sie gelesen, und von den wilden Partys, die sie für ihre Freunde an der University of Florida veranstaltet hatten, für Butler, Charlie, Conrad, Maud und andere, deren Gesichter noch immer von Zeit zu Zeit in meinen Gedanken auftauchen. Während meine Mutter über die Anfänge ihrer Ehe sprach, lockerten sich die Muskeln um ihren Mund, und ihre Augen wurden sanft. Ihr Blick, der direkt auf mir ruhte, schien klar zu werden – die Erinnerungen waren ihr angenehm –, und während sie den Rauch ihrer Zigarette ausstieß, lächelte sie.

Drei Jahre später, nachdem sie mir gesagt hatte, ich sähe wie mein Vater aus, stand ich in ihrem Wohnzimmer in Black Mountain, ihrem Krankenzimmer, schaute an mir hinunter, auf meine Füße und nackten Beine, mein Hemd, das mir aus den Shorts gerutscht war, und sagte: «Ich denke, du hast Recht, Mom. Ich sehe tatsächlich wie Dad aus.»

«Das ist schon in Ordnung, Don», sagte sie meiner Erinnerung nach. Und ich antwortete: «Das will ich hoffen, ich kann nämlich nicht viel dagegen tun.»

Doch was war mit dem Testament? Rückblickend will es mir scheinen, als wäre die Existenz oder Nichtexistenz des Testaments meines Großvaters nicht so sehr als reale Frage aus sich selbst heraus von Bedeutung, sondern eher als Dilemma, unlösbar und mysteriös. Indem es mysteriös blieb, wurde – und wird – das Testament zu einem Quell von Macht, in diesem Falle der Macht, Verrat und Entzug zu inszenieren. Meine Mutter hatte die Erinnerung an ihren Vater verraten. Erteilte sie *uns* jetzt, indem sie ihre Kinder verließ, die Erlaubnis, *sie* zu verraten? Forderte sie uns ein letztes Mal auf, zu kämpfen und bestraft zu werden? Wer würde wen enttäuschen, und wer konnte mit größerem Anstand leiden? Und wer konnte in dem Krieg zwischen einer Mutter und ihren Kindern, einem Krieg der Scham, die Dinge je gerade rücken?

Ein paar Tage bevor meine Schwester und ich aus Black Mountain abreisten, saß ich auf einem Hocker in der leeren Hotelbar und schlug, wie schon zuvor, das Branchenverzeichnis bei der Rubrik Anwälte auf. Diesmal sah ich, als wäre er erst an jenem Nachmittag aufgenommen worden, einen Namen, der mir auffiel. Vielleicht hatte mein Großvater ihn einmal erwähnt. Ich nahm den Hörer ab, wählte die Nummer, eine Sekretärin meldete sich und verband mich mit dem Anwalt, der die Frage bejahte, ob er meinen Großvater Don Self gekannt habe. Ob sie miteinander zu tun gehabt hätten? Ja, sie hätten miteinander zu tun gehabt. Wegen der anwaltlichen Verschwiegenheitspflicht könne er mir allerdings keine Einzelheiten nennen. Im Groben jedoch bestätigte der Anwalt meinen Verdacht: Mein Großvater hatte vorgehabt, seine Tochter und seine Enkelkinder zu gleichen Teilen testamentarisch zu bedenken. Doch dann war er gestorben.

Was tun? Es war keine Frage, die sich in aller Ruhe mit meiner Mutter besprechen ließ. Ich kann mich erinnern, wie es aussah, wenn sie sich im Bett aufsetzte. Zuerst musste sie mit einer Hand nach dem Plastikluftschlauch greifen und ihn anheben, damit sie ihn nicht mit ihrem Körper abklemmte. Als Nächstes setzte sie – wegen der Hebelwirkung – aus einer schrägen Seitenlage heraus die Beine auf den Boden und stemmte sich dann unter Aufbietung ihrer ganzen Kraft hoch. Sie beugte sich vor und stützte sich mit schwachen Armen ab, die Hände neben ihren Knien auf die Kante der hohen Matratze gelegt, und ihre von schlechter Durchblutung blauen Füße hingen herab wie die eines Kindes. Natürlich hustete sie immer noch. Ich erinnere mich, dass sie sich mit einem benebelten, leicht wachsamen Gesichtsausdruck im Zimmer umblickte, als wüsste sie nicht recht, wo sie sich befand oder ob die Einheimischen freundlich waren. Manchmal lag Merlin, ihr schwarzer Kater, den sie für eine unmittelbare Reinkarnation des Nekromanten aus der Zeit König Arthurs hielt, zusammengerollt neben ihr, und zuweilen sprach sie mit ihm in dem gurrenden Ton, den sie anschlug, wenn sie sich mit Katzen – auch solchen, die sie nicht kannte – unterhielt. Ich weiß noch, dass das Haus nach Asche roch, obwohl meine Mutter mit dem Rauchen aufgehört hatte. Alles – Teppiche, Vorhänge, Tagesdecken, Sofakissen mit Quasten – war dauerhaft von Rauch durchdrungen. Das machte meine Schwester wahnsinnig. Ich weiß noch, wie ich Terry in die Arme nahm, als wir eines Nachmittags draußen in dem räudigen, ungepflegten Garten hinter dem Haus standen und sie zusammenklappte, weil unsere Mutter einen Streit über die Pflegerinnen vom Zaun gebrochen hatte, die an diesem Tag gekommen waren, um sich vorzustellen. Terry und ich stiegen in den Wagen und entflohen nach Westen, Richtung Asheville, dann den Blue Ridge Parkway hinauf in Richtung Mount Mitchell, den ich mit Mitte zwanzig einmal mit dem Fahrrad erklettert habe. Jetzt, während wir auf den elegant geschwungenen Kurven des Parkway von Hang zu Hang traversierten, konnte ich bei einem Blick aus dem heruntergekurbelten Wagenfenster ab und zu winzige Quadrate und Rechtecke in Silber, Weiß, Schwarz und Rot sehen – Scheunen- und Farmhausdächer, die die Täler unten sprenkelten. Mit zunehmender Höhe fiel die Lufttemperatur, und wir durchfuhren Wolken, die sich in den Gipfelsenken festgesetzt hatten. Ich lehnte mich auf dem Beifahrersitz zurück und hielt am Himmel nach Falken Ausschau, und meine Schwester erzählte mir von den Bootsausflügen ihrer Familie auf dem Puget Sound, von den Schulen ihrer Kinder und von ihrer Malerei – hauptsächlich Stillleben und Landschaften. Ihr zuzuhören, wie sie von ihrem Leben erzählte, weckte Erinnerungen an Autofahrten über die Berge mit meinem Großvater.

Ich kann mich jedoch nicht mehr erinnern, an welchem Tag – das Ende von Terrys und meinem Aufenthalt in North Carolina war nahe – oder zu welcher Zeit (eine Erinnerung an Sonnenlicht, das durch die Wohnzimmerfenster meiner Mutter einfällt und Staubteilchen und ein Stück gegenüberliegende Wand erleuchtet, ergibt ein Bild vom Übergang des Nachmittags in den Abend) es war, dass meine Mutter die Augen aufschlug, mich bei ihr fand und flüsterte:

«Don, ich weiß, dass wir über einiges reden müssen.»

So weit meine Erinnerung an ihre Worte. Mag sein, dass sie es nicht genau so formulierte. Aber es war klar, was sie meinte. Alles war klar. Ich nickte.

Sie rief: «Merlin, komm her, Merlin.»

«Merlin!», sagte ich.

Der Kater sprang vom Boden auf das Bett. «Da bist du ja. Wie geht's meinem Merlin?», sagte meine Mutter.

Ich kraulte ihm den Rücken, er legte den Kopf auf die Pfoten, stellte den Schwanz auf, und ganze Haarbüschel lösten sich aus seinem Fell.

Am Vortag unserer Abreise aus North Carolina fuhren Terry und ich nach Asheville, um frisches Obst und Gemüse einzukaufen. Das Lebensmittelgeschäft hatte anständigen Fisch, und ich kaufte Seezunge. Meine Schwester und ich hatten endlich die praktischen und rechtlichen Voraussetzungen geschaffen, die zur Pflege unserer Mutter erforderlich waren. Wir hatten so etwas wie einen Sieg errungen. Unsere Mutter hatte die Bereitschaft erkennen lassen, eine Strahlenbehandlung in Erwägung zu ziehen. Es sah so aus, als würde das ausgelaufene Öl unter ihrem Haus nun doch beseitigt. Terry und ich beluden den Wagen mit Vorräten, und auf der Rückfahrt nach Black Mountain hörten wir eine Radiosendung, in der Feldaufnahmen von Musik aus den Appalachen gespielt wurden – alte, klagende Balladen, in denen es um Verrat, Reue, Erlösung, Liebesleid, Alkoholismus und Gespräche mit dem Teufel ging. Heute finde ich diese Musik aus Tennesse, North und South Carolina nicht nur wegen ihrer verstörend vertrauten Thematik schwer erträglich. Vielmehr ist es etwas, was ich im Gesang selbst wahrnehme, jene ausgeprägt nasale, kräftig akzentgefärbte Inständigkeit der Stimme – der Stimme der Gegend, in der meine Mutter und ihre Vorfahren zur Welt gekommen waren –, die mich veranlassen kann, die Hand auszustrecken und die Musik auszuschalten. An jenem Tag mit meiner Schwester hörte ich mit so etwas wie Freude zu. Wie Terry es empfand, kann ich nicht sagen, aber ich glaube, auch sie hörte aus dem knisternden und knackenden Schellack die Modulationen, die Rhythmen, die leicht abfallenden Satzmelodien heraus, die in abgeschwächter Form auch unseren Stimmen eigen sind.

Wir kehrten zum Haus zurück und schafften die Lebensmittel in die Küche. Es war ein großartiger, strahlender Tag, der zu Ende ging. Wie an den Tagen zuvor trug ich meine Version der Kleidung meines Vaters. Unsere Mutter war angezogen und bewegte sich durchs Haus. Ich erbot mich zu kochen. Das Essen war schlicht. Es gab den in einer Pfanne auf dem Herd gedünsteten Fisch. Es gab Spargel. Reis. Einen Salat. Mit Eistee gefüllte Gläser. Während ich das Essen zubereitete, saßen meine Mutter und meine Schwester an dem alten, zernarbten Holztisch, der in den Jahren, in denen Terry und ich aufwuchsen, der Esszimmertisch unserer Familie gewesen war. Diesen Tisch hatten mein Vater und die Frau gekauft, derentwegen er damals, als Terry und ich fünf bzw. sechs Jahre alt gewesen waren, meine Mutter verlassen hatte. Nun war er hier.

Und im Wohnzimmer meiner Mutter ruhte, in einer Plastikurne in einem Pappkarton untergebracht, auf einem Regal die Asche unserer Großmutter.

Was ich damit sagen will, ist, dass wir an diesem Abend im Hause meiner Mutter in gewisser Weise alle in der einen oder anderen Form anwesend waren – alle, bis auf den Vater meiner Mutter.

Doch dann wurde auch er eingeladen. Meine Mutter lud ihn ein. Ich erinnere mich ganz deutlich daran, weil es verblüffend war zu hören, wie es sich mit dem Testament ihres Vaters verhielt, verblüffend auch, sich darüber Gedanken zu machen, wie ich es in den Jahren seither getan habe, obwohl mir natürlich klar ist, dass ich die Wahrheit wahrscheinlich niemals erfahren werde und mir nur meine Mutter in den Tagen unmittelbar nach dem Tod ihrer eigenen Mutter vorstellen muss, meine kranke Mutter, der allmählich aufging, wie schwer ihre Krankheit war. Ich sehe sie, wie sie bei dem Bestattungsunternehmer die Asche meiner Großmutter abholt, sie nach Hause bringt, sie auf das Regal stellt, vielleicht erst dann den alten Papierkram aus einer Schachtel oder einem Ordner nimmt und den Hügel hinauf zur Anwaltskanzlei in der Stadt trägt. Wenn ich mir solche Szenen ausmale, frage ich mich, was mich veranlasst hatte, in Gedanken und Taten so entschlossen die Vorstellung von meiner Mutter als einer Diebin zu verfolgen, wo sie doch mit ebenso großer Wahrscheinlichkeit keine Diebin war, sondern lediglich eine kranke, einsame, verängstigte, trauernde Frau, die auf ein besseres Leben hoffte, ein Leben, das niemals kommen würde, jedenfalls nicht in dieser Welt.

An diesem Abend am Esstisch sagte meine Mutter: «Jetzt fällt es mir wieder ein. Es fällt mir wieder ein. Da war noch ein anderer Anwalt. Granddaddy hat gesagt, da war noch ein Anwalt in Asheville.»

Ich entsinne mich, dass die Sonne unterging. Das Licht vor dem teilweise von einem Vorhang verhüllten Fenster über der Spüle, dem Fenster, das nach Westen ging und einen Blick auf die Bäume bot, war dunkel geworden. Ich drehte mich zu meiner Mutter um und sah sie an. Vielleicht hatte ich einen Kochlöffel oder die Pfanne mit dem dünstenden Fisch in der Hand.

Sie fuhr fort: «Wie hieß er doch gleich? Wie hieß er doch gleich?» Und dann verkündete sie den Namen. Es war der Name des Mannes, mit dem ich vor ein, zwei Tagen geredet, dessen Telefonnummer ich im Branchenverzeichnis gefunden, der Mann, mit dem sich mein Großvater wegen einer Treuhandschaft in Verbindung gesetzt hatte.

Sie sagte: «Kinder, ich bringe das in Ordnung. Ich bringe das in Ordnung.»

Zu diesem Zeitpunkt war das Essen fertig. Ich tat auf, und wir setzten uns zu Tisch, nur wir drei – oder wir sechs oder wie viele von uns auch immer körperlich oder im Geiste in diesem Raum anwesend waren –, und ich entsinne mich, dass irgendwer über den Fisch sagte: «Schmeckt gut», und ich betete stumm, dass meine Mutter gesund werden und nicht sterben, niemals sterben möge, und am nächsten Tag stiegen meine Schwester und ich in den Mietwagen, schnallten uns an und steuerten den Hügel hinauf in Richtung Highway. Wir fuhren nach Osten über die Berge. In der Nähe von Lake Lure hielten wir bei einem Stand an der Straße, und ich kaufte Sourwood-Honig in einem Schraubglas, das ich in meinen Koffer stopfte. Wir fuhren weiter, aus den Bergen hinaus, ihre Ausläufer hinauf und hinab und durch gewelltes Farmland Richtung Charlotte. Am Flughafen gaben Terry und ich den Wagen ab und stiegen in einen Bus, der uns zum Terminal brachte. Ich checkte meinen Koffer ein, und als es so weit war, gingen sie und ich die langen Hallen entlang zu unserem jeweiligen Flugsteig. Meine Schwester ging in die eine Richtung und ich in die andere.

Als ich an jenem Abend in meine Wohnung kam, stellte ich fest, dass das Schraubglas während des Fluges zu Bruch gegangen war. Alles war voller Honig und Scherben.

TEIL 6

Zu der Zeit, als ich zu versuchen begann, meinen Vater in literarische Gespräche zu verwickeln, wohnten wir in einer Siedlung in Miami, deren Häuser ihrer äußeren Erscheinung nach an eine Vielzahl architektonischer Schulen denken ließen. Die meisten waren modernistisch; einige sahen aus wie modernistische Kirchen. Unseres hatte eine blassgrüne Fassade im Bauhaus-Stil und war eingebettet in einen wild wuchernden Wald aus Bäumen mit überhängenden Ästen und einer dichten, feucht wirkenden Flora, die den Eindruck machte, als könnte sie eines Tages durch den schmalen Garten vordringen und das Haus verschlingen. Dass die Einfahrt auf eine belebte Straße führte und nahebei Nachbarn wohnten, spielte keine Rolle. Wir waren von einem Dschungel umschlossen. Man konnte nicht hinein-, und man konnte nicht hinaussehen.

Das Haus selbst war ein einstöckiger Quader mit Schlafzimmern, die die Osthälfte einnahmen, einem schmalen Schlauch von einer Küche in der Mitte und einem Essbereich samt einem kleinen, vertieft angelegten Wohnzimmer auf der den Schlafzimmern gegenüberliegenden Seite. Vom Essbereich und vom Wohnzimmer führten Glasschiebetüren auf einen mit Fliegengittern versehenen Patio mit Pool hinter dem Haus. Meine Schwester und ich verbrachten viel Zeit damit, im Wasser zu planschen und dann in das klimatisierte Haus zu stürzen, um uns etwas Kaltes zu trinken zu holen. Es war meine Aufgabe, etwa einmal die Woche Verunreinigungen von der Wasseroberfläche des Pools abzuschöpfen, den Boden abzusaugen und mit Hilfe eines kleinen Testbestecks aus Plastik den Chlorgehalt zu überprüfen. Sich um den Pool zu kümmern war eine entmutigende Angelegenheit. Wie die Vorderseite und die Schmalseiten des Grundstücks war der Patio von Hartholzbäumen und hohen Kiefern umgeben; ihre Äste überwölbten das Haus und warfen verfaulende Blätter, braune Nadeln und zerbröselnde Rinde ab, die durch das Fliegengitter drangen und einen Belag auf dem Wasser bildeten. Die Bäume hielten viel Tageslicht ab und sorgten dafür, dass der Pool an den langen, subtropischen Nachmittagen Schatten bekam. Das mag zu dem Algenbefall auf den Kacheln entlang der Wasserlinie beigetragen haben. Algen zeigten sich auch auf dem Boden und als leicht sich verfärbende Schlieren, die sich die Wände am tiefen Ende hinabschlängelten. Ich machte mich regelmäßig mit Bürsten und Chemikalien, die mein Vater auf dem Nachhauseweg aus dem einschlägigen Geschäft mitbrachte, über die Algen her. Wir zogen 1972 in dieses

Haus ein. In dem Jahr, in dem wir dort wohnten, krochen die Algen aus dem Pool und eroberten Teile des Patios, füllten dunkel die Ritzen und Spalten, die dem Beton Textur verliehen. Ich weiß noch, wie ich die Liegestühle und den Tisch mit der Glasplatte beiseite zog, Säure auf die befallenen Stellen goss und das Ganze dann mit dem Schlauch abspritzte. An den Wochenenden stand ich manchmal früh auf und schwamm so viele Längen, dass eine Meile zusammenkam – eines von vielen Dingen, die ich für mich allein tat –, während meine Eltern und meine Schwester noch schliefen. Nachmittags nach der Schule konnte man mich oft mit dem Gesicht nach unten im Wasser liegen sehen, wie ich durch eine Taucherbrille die Lichteffekte der gebrochenen Schatten betrachtete, die von vorüberziehenden Wolken und windbewegten Baumwipfeln auf die Wasseroberfläche geworfen wurden. Weil ich eines Tages einen Tauchschein machen wollte, hatte ich begonnen, die entsprechenden Ausrüstungsgegenstände zu sammeln, einen nach dem anderen. Ich besaß eine Sauerstoffflasche und einen Druckregulierer aus zweiter Hand, und ab und zu legte ich beides an, befestigte einen Bleigürtel um meine Taille, sprang in den Pool und ließ mich auf den Boden sinken, wo ich atmend in zwei Metern Tiefe saß.

Draußen auf dem Trockenen drangen allmählich die Bücher in mein Bewusstsein, die im Wohnzimmer in den Regalen meines Vaters standen. Nach seinem Muster hatte ich begonnen, meine eigene Taschenbuchsammlung zusammenzutragen und zur Schau zu stellen, Werke von Jules Verne, H. G. Wells, Robert Heinlein, Arthur Conan Doyle, J. R. R. Tolkien, Charles Dickens, Lewis Carroll und Edgar Allan Poe, zusammen mit Restbeständen aus früheren Kindheitsphasen, Büchern über Abenteuer von Jungen bei der Aufklärung von Verbrechen, wagemutige Eskapaden von Soldaten zu Kriegszeiten und Triumphe heroischer Sportler auf dem Spielfeld. Bestimmt hatte mein Vater damals in Sarasota, als er meine Mutter kennen lernte, die entsprechenden Bücher seiner Zeit in seinem Zimmer herumliegen.

Einige Jahre vor ihrem Tod vertraute meine Mutter mir an, dass meine Großmutter Eliza, die Mutter meines Vaters, eine Tochter des alten Virginia, in der Zeit der jungen Liebe zwischen meinen Eltern, als sie noch auf die Highschool gingen und nachdem sie aufs College gewechselt waren – er nach North Carolina, sie nach Florida –, meinem Vater von seiner Wahl abgeraten, ihn sanft davon abzubringen versucht habe, und zwar mit der Begründung, dass die Familie meiner Mutter aus Tennessee stamme und von daher nicht ideal sei. Stumme Missbilligung, erzählte mir meine Mutter, habe selbst dann noch in der Luft gelegen, als sie und mein Vater schon verheiratet gewesen seien. Ich kann mir unschwer vorstellen, dass meine Mutter nicht recht wusste, ob sie in der Familie Antrim willkommen war, nicht weil ich meine Großmutter als Snob kannte, was sie durchaus gewesen sein mag, sondern weil meine Mutter sich oft verleumdet fühlte. Ich will damit sagen, dass ihre Ängste im Hinblick auf die Vorurteile ihrer Schwiegermutter plausibel gewesen sein mögen oder auch nicht. In jedem Fall deuten sie darauf hin, wie viele Gedanken sie sich darum machte, ob sie erwünscht war.

Dass er es war, stand wohl nie groß infrage. Vor nicht allzu langer Zeit habe ich begonnen, eine Sammlung von Farbdias durchzusehen, Ektrochrome-Bilder, die er in den Sechzigern und Siebzigern gemacht hat. Größtenteils handelt es sich um Bilder von unserer Familie, einige zeigen jedoch auch Orte, die wir besucht haben, Innen- und Außenansichten von Häusern, in denen wir einmal gewohnt haben, alte Bekannte meiner Eltern, an deren Gesichter ich mich erinnere, ohne dass ich ihre Namen nennen könnte, und Katzen und Kätzchen, die wir als Haustiere hatten. Da ich weder einen Projektor noch eine Leinwand besitze, benutze ich einen tragbaren Diabetrachter, um mir die Bilder genauer anzusehen. Wenn man ein Rähmchen in den kleinen schwarzen Kasten schiebt, schaltet sich ein verborgenes Licht ein und beleuchtet das Bild, das zugleich durch die Linse vergrößert wird. Jedes Dia hat einen Aufdruck mit Monat und Jahr, in denen es entwickelt wurde. Die weißen Papprähmchen sind seit MAI 70, APRIL 71 und JAN 73 verblasst. Inzwischen sind sie an den Rändern braun und muten allmählich wie Antiquitäten an. Mir kommt der Gedanke, dass der Vorgang des Einlegens und Betrachtens wie die Dias selbst einer anderen Zeit entstammt; er geht durchweg manuell vonstatten. Wenn ich ein Dia ins Sonnenlicht hielt, um es, bevor ich es in den Betrachter einlegte, auf Schattierungen und Farben zu überprüfen, an denen man erkennt, ob man es verkehrt herum oder richtig herum hält (das Blau eines Winterhimmels, eine Wiese in Grün, das sandige Weiß eines Küstenabschnitts in Florida), hatte ich, wenn ich das Rähmchen dann schließlich richtig herum in die Öffnung einführte, es behutsam nach unten schob, damit sich das Licht einschaltete, und dann in den schwarzen Kasten starrte, öfter das Gefühl, ich betrachtete nicht einfach Bilder aus einer anderen Zeit, sondern spähte in die verlorene Vergangenheit.

Das hat mit dem Blick in einen Kasten zu tun. Kindergeschichten sind voller Phantasiegegenstände, die als Zugänge zu anderen Welten dienen. Ein solcher Zugang kann etwas Schlichtes wie ein Spiegel oder eine schmale Tür in der Rückwand eines Schrankes sein. Er kann ein aufgegebener Brunnen sein, in den jemand fällt, oder – noch berühmter – Alice' Kaninchenbau. Wenn wir von Kindern lesen, die in Kaninchenbauten fallen, wird lediglich von uns verlangt, dass wir keine allzu strengen Maßstäbe an die Art und Weise ihrer Begegnungen mit sprechenden Kaninchen anlegen. Sonst verpassen wir ein Abenteuer. Kaninchen und Kinder sind unsere Führer, und wir müssen ihnen folgen, wohin sie uns führen. Die Bilder auf den Dias meines Vaters, durch das von einer Batterie gespeiste Licht der Linse betrachtet, könnten gegenüber einem Fenster auf ein fernes Land liegen. Dieser Eindruck entsteht aufgrund eines optischen Effekts. Der äußere Rand jedes Dias wird von dem dunklen inneren Rand des Kastens umschrieben, sodass es den Anschein hat, als bekämen wir nur einen kleinen Ausschnitt (das Bild) eines größeren Reichs (die unsichtbare Welt dahinter) zu sehen. Dieser Effekt übersetzt sich in eine Frage. Wenn wir imstande wären, durch den Diabetrachter ein bisschen mehr zu sehen, könnte dann dieses größere Reich, die Welt, von der das Dia nur ein kleiner Ausschnitt ist, auch wirklich entstehen? Strahlen andere Welten in den Raum aus, in dem wir sitzen und in einen Kasten starren?

Wenn wir nur *sehen* könnten. In dem Kasten schweben die Bilder. Schwärze umgibt sie. Landschaften, Häuser, Tiere, Menschen – alle sehen sie so aus, als sollten sie nur für eine bestimmte Zeitspanne erscheinen und dann verschwinden. Und genau das tun sie auch von dem Moment, in dem das Dia eingeführt wird und das Licht im Kasten angeht, bis zu dem Moment, in dem das Dia herausgezogen wird und das Licht ausgeht. Wir haben einen flüchtigen Blick von etwas oder jemandem erhascht: eine Erscheinung. Rote Farben – in der Sammlung meines Vaters gibt es mehrere Bilder, auf denen Rosen vorkommen – nehmen in Bezug auf den Betrachter eine merkwürdig hervorgehobene Lage ein; sie schweben auf eine Weise über ihrem Hintergrund, der an alte 3-D-Bilder denken lässt. Menschen wirken kräftig und lebendig, doch ihre Gesichtszüge sind oft verschwommen. Das Licht um sie herum schimmert.

Ein paar Dias zeigen meinen Onkel Eldridge, den Bruder meines Vaters, wie er auf der Biscayne Bay zurückgelehnt im Heck eines Segelbootes sitzt – in den

Siebzigern hatte mein Vater ein paar Jahre lang eine Vorliebe für das Segeln – und ein Bier trinkt. Noch hat ihn seine Trinkerei nicht eingeholt; hier ist er Mitte dreißig und sieht fit und gesund aus. Wie immer trägt er einen Bart – die Sonne färbt den Bart rot, und er ist ganz kurz gestutzt und vom Rasierer auf eine Weise geformt, wie ich ihn ebenfalls stutze und forme, wenn ich einen Bart trage –, und wie immer hat er ein Goldkettchen umgelegt. Er ist gebräunt und glücklich. In nur wenigen Jahren allerdings wird er einen regelrechten Rückzug aus der Welt antreten. Er wird aus unserem Leben verschwinden, wird zunehmend in Einsamkeit existieren und seine kleine Wohnung in Sarasota nur noch verlassen, um über die Siesta Key Bridge zu seinem Nachtjob als Arbeitsvorbereiter in einem Restaurant am Golf von Mexiko zu fahren. Die ganzen Achtziger hindurch, während sein Alkoholismus sich verstärkt und er abnimmt, immer kränker wird, nichts mehr essen kann, wird sich seine Einsamkeit in Isolation verwandeln, und er wird schließlich sterben.

Doch all das ereignet sich später – es ist das, was kommen wird. Vorderhand, auf dem Bild, das mein Vater geschossen hat, wirkt Eldrige sorglos und zufrieden, wie er sich da im Heck des Bootes fläzt, neben sich eine dunkelhaarige Frau, die ein Kopftuch, eine Plastiksonnenbrille und einen gelben Bikini trägt. Sie hat die Hand in einer Tüte Kartoffelchips. Ich erkenne sie nicht. Ist das die Lebensgefährtin meines Onkels? Nennt sie ihn Eldridge oder, wie seine Freunde, Bob? Hinter ihr, in der

Ferne, sehen wir kabbeliges Wasser unter einem hellen, subtropischen Himmel. Das ist der Himmel, den ich aus jener Zeit und von jenem Ort in Erinnerung habe. Er ist voller Feuchtigkeit und graugrüner Hitze. Stürme brechen daraus hervor. Er wirkt wie von innen erleuchtet.

Oder hat ein Effekt des Kastens meine Erinnerung verändert? Im Diabetrachter wird ja tatsächlich alles von innen beleuchtet. Jener grau getönte Himmel erscheint immer wieder. Es gibt ihn über den Kiefern und in gesprenkelten Spiegelungen auf dem Pool hinter dem Haus im Bauhaus-Stil, und es gibt ihn auf einem Bild von meinem Vater, wie er vor einer Palme steht, deren grünbraune, den Rahmen hinter ihm füllende Wedel an einen viel zu großen Kopfschmuck denken lassen. Hier ist mein Vater, geschmückt als tropischer Potentat, jugendlicher König irgendeines Inselstammes, der sich eines Tages auflösen und in alle vier Winde zerstreuen wird. Er trägt Koteletten und, wie den größten Teil meiner Kindheit hindurch, einen Schnurrbart. Sein Haar ist schwarz. Von der Kamera abgewandt, hat er den Blick über die Schulter nach unten gerichtet, auf einen Fotografen, der vielleicht neben ihm kauert – oder nach Art eines Paparazzo auf einem Knie kniet? –, um eine Pose einzufangen, die nach einer, nun ja, Pose aussieht. Bei diesem Bild ist schwer zu erkennen, wer wessen «Gegenstand» ist. Mein Vater schaut in das Objektiv der Kamera, in das Auge des Fotografen, anschließend aus der Linse des schwarzen Kastens, aus dem Licht heraus und, wie es so schön heißt, in das Auge des Betrachters. Sein

Gesichtsausdruck ist wachsam, schmaläugig, verstohlen; ich finde, er sieht so aus, als wollte er sehen, aber nicht gesehen werden, oder als hätte er es, wie Alice' weißes Kaninchen, eilig, irgendwohin zu kommen. Aber wohin? Das Licht im Kasten geht an, und er zeigt uns, einfach so, dass es da etwas gibt, was wir nicht sehen können. Dann ist er wieder weg. Sein Verschwinden kommt nicht unerwartet – seine Augen kündigen es an –, doch es ist unklar, ob wir aufgefordert sind, ihm nachzujagen. Wer hat dieses Bild gemacht? War es meine Mutter? Kniete sie zu seinen Füßen nieder, spähte durch das Objektiv der Kamera und sagte, verführt und bereit, ihm zu folgen: «Bleib mal kurz stehen. Stell dich vor die Palme da. Komm näher. Dreh dich zur Kamera. Jetzt halt still»?

Und was genau lässt mein Vater uns sehen und nicht sehen? Was *weiß* er?

Als Professor für Literatur verdiente er seinen Lebensunterhalt damit, dass er über Bücher nachdachte und sprach. Ich war ein Teenager in Florida, als ich ihn über die Titel in den Regalen bei uns zu Hause auszufragen begann. «Was ist mit dem da?», sagte ich beispielsweise und hielt einen Sammelband mit Gedichten von Theodor Roethke oder einen englischen Roman hoch. Oder ich nahm einen sprachwissenschaftlichen Band vom Regal – mit fünfzehn begann mich das auch für Laien verständliche Anfangskapitel von Thomas Pyles' *Origins and Development of the English Language* ziemlich zu faszinieren – und sagte: «Dad?» Ich weiß noch, dass er dann etwa mit dem Kopf nickte und irgendetwas

Unverbindliches äußerte, ehe er sich abwandte, als wäre meine Neugier ihm peinlich; und heute frage ich mich rückblickend, ob ich seine Zurückhaltung als Teil einer Südstaatentradition männlicher Wortkargheit akzeptieren soll – ich denke an Vater und Onkel meines Vaters und an die Vogelbäder aus Gips an der Straße –, wobei dies, obwohl wahrscheinlich, die Frage offen lässt, was mein Vater, als er da vor dreißig Jahren in unserem Wohnzimmer stand, mir möglicherweise ohne Worte über Bücher und ihren Stellenwert im Leben zu sagen versuchte. Wusste, *spürte* ich irgendwie, während ich in Häusern groß wurde, die mit Geschichten, Gedichten und Briefwechseln toter Autoren bestückt waren – und während ich ihn einer Arbeit nachgehen sah, die zwingend Begeisterung (wie verhalten auch immer) für Literatur und ihr Studium erforderte –, dass Bücher, über deren Inhalt wir uns nicht so ohne weiteres austauschen konnten, zur Grundlage eines geistigen Erbes werden könnten, das ich wahlweise voller Stolz antreten, ignorieren, verächtlich machen oder Jahre nachdem ich von zu Hause weggegangen war und dieses Zuhause nicht mehr existierte, hartnäckig erfinden konnte?

Ich ließ mir Zeit. Was habe ich heute präzise in Erinnerung von einem Jungen, der vor langer Zeit an einem fernen Ort auf dem Boden eines Swimming-Pools saß und durch ein Sauerstoffgerät atmete? Woran dachte er?

Als ich zur Welt kam, war mein Vater Army-Leutnant und in Fort Knox stationiert. Später wurde er nach Fort Bragg in North Carolina versetzt, wo er ein Panzerbataillon befehligte und wo meine Schwester auf die Welt kam. Meine Mutter erzählte mir, dass mein Vater nicht bei ihr in Sarasota gewesen sei, als sie mich geboren habe. Von ihren Eltern abgesehen, sei sie allein gewesen. Weil ich geschrien hätte, sei ihre Mutter ins Zimmer gekommen, habe mich ihr weggenommen und von ihr, meiner Mutter, fortgebracht. Sie habe mich als Neugeborenes nicht in den Armen halten können, weil ihre eigene Mutter uns auseinander gerissen habe. «Bei uns fand kein Bonding statt», sagte mir meine Mutter, als ich erwachsen war, und sie fügte hinzu, sie glaube, dass mein Vater, wäre er bei meiner Geburt zugegen gewesen, vielleicht interveniert und ihre Mutter davon abgehalten hätte, mich ihr zu stehlen. Doch mein Vater sei in Kentucky gewesen. Wegen seiner Abwesenheit seien meine Mutter und ich nicht in der Lage gewesen, die Bindung aufzubauen, die eine Mutter zu ihrem Kind herstellen müsse, damit nicht beide in ständiger Sehnsucht nach dem jeweils anderen durchs Leben gingen. Das glaubte und erzählte sie mir, als ich ungefähr dreißig Jahre alt war.

Inzwischen denke ich, dass meine Mutter, indem sie mir diese Geschichte erzählte, ihre nachlassende Macht ausübte, meine Zukunft zu bestimmen. Indem sie mir erzählte, woran ich mich unmöglich erinnern konnte, hoffte sie, mir eine Wahrheit über mich selbst mitzuteilen. Sie wollte, dass ich etwas so sah, wie sie es sah, und ihr nahe blieb. Daran ist wohl nichts Ungewöhnliches. Das Leben unserer Eltern vor unserer Geburt findet in einer Art mythischem Reich, einem Reich der Phantasie, statt, und die Macht unserer Mütter und Väter, unser Leben zu formen und zu interpretieren, uns noch im Erwachsenenalter zu sagen, wer wir sind, verlangt, dass wir begreifen, dass sie, weil sie in einer mythischen Zeit gelebt haben und unsere Existenz sich der ihren verdankt, für uns unsterblich und allsehend bleiben, so wie sie es gewesen sind, als wir zu jung waren, um ohne sie zu überleben. Indem meine Mutter mir eine Geschichte von einer bei meiner Geburt entstandenen Kluft zwischen uns erzählt, sagt sie mir, dass ich immer nach ihr suchen werde, weil sie für mich niemals sterben wird.

Meine Suche mittels anderer Frauen begann mit einem Mädchen, das sich auszog, mit ihrer Hand nach meiner griff und sich auf den Boden neben meinem Bett legte. Sie war elf und hatte lockiges Haar. Ich war zwölf. Meine Familie lebte in Virginia, im Haupthaus einer Farm namens Fiddler's Green, dreißig Minuten westlich von Charlottesville, wo mein Vater Professor war. Das Mädchen, G., war zu einer Party mit anschließender Übernachtung mit mir, meiner Schwester und meinem Freund Peter gekommen. Peter war einer meiner Klassenkameraden in der Junior High School, und G. war die Tochter eines Kollegen meines Vaters, eines Mannes, der in dem Jahr, bevor wir nach Fiddler's Green gezogen waren, mitten in der Nacht mit einer geladenen Waffe an der Seite bei uns zu Hause in der Lewis Mountain Road in Charlottesville aufgetaucht war. In jener Nacht in Fiddler's Green jedenfalls, irgendwann nachdem meine Eltern die

Lichter gelöscht hatten und es im Haus still geworden war, kam G. durch die Tür geschlüpft, die von Terrys Zimmer in meines führte. Peter schlief in dem anderen Bett in meinem Zimmer. Früher am Abend, als wir Kinder Strip Poker gespielt hatten, hatte G. keine Hemmungen gezeigt und absichtlich Spiele verloren. Dann war Schlafenszeit gewesen. Als sie zur Tür hereinkam, schlüpfte sie geradewegs zu mir unter die Decke, und wir begannen uns mit geschlossenem Mund zu küssen. Sie war nackt. Sie hielt die Beine geschlossen. Ihre Brüste hatten gerade erst zu sprießen begonnen. Ich erinnere mich, wie sie auf mir lag. Wir umarmten und küssten uns und rangelten lautlos herum. Meine Erektion war schmerzhaft. Ich hielt sie in meinem Schlafanzug versteckt. Ich entsinne mich noch an das helle Mondlicht, das durch die weißen Vorhänge drang, die meine Mutter in meinem Zimmer angebracht hatte. Es gab drei Fenster. Zwei davon gingen auf den kleinen Buchsbaum- bzw. Rosengarten von Fiddler's Green. Jene Rosen, von denen ich weiter oben gesprochen habe, die Rosen, die sich, auf Bildern durch die Linse des Diabetrachters gesehen, von ihren Zweigen zu lösen und dem Auge entgegenzuheben schienen, wuchsen in dem Garten vor meinem Schlafzimmer. In jener Nacht im Bett mit G. konnte ich im Mondlicht meinen Schreibtisch mit Stuhl, ein paar Spielzeugrennwagen und ein Stück Rennstrecke auf dem Boden, meine Bongotrommeln und die Seite des Regals sehen, die die beiden Betten voneinander trennte. Ich konnte Peter, seine unter einer Decke zusammengerollte Gestalt auf der anderen Seite des Regals sehen. Es könnten Peters Bewegungen im Bett gewesen sein, die G. veranlassten, sich von der Matratze auf den Boden gleiten zu lassen, wo er sie nicht sehen würde, wenn er aufwachte. Ich gab ihr eines meiner Kissen, und sie griff nach meiner Hand und hielt sie. Wie lange schafften wir es, uns wach zu halten? Am Morgen hatte sie sich durch den Flur zum Zimmer meiner Schwester davongeschlichen.

Am nächsten Tag, nachdem sie und Peter von ihren jeweiligen Eltern abgeholt und nach Hause gebracht worden waren, stieg ich in den Wagen und fuhr mit meiner Mutter irgendwohin. Ich erinnere mich an unsere Fahrt über sanft gewellte Hügel, auf Straßen, die von weißen Zäunen gesäumt waren. Wir fuhren in Richtung Blue Ridge Mountains, dann daran entlang. Es war Sommer, die Wagenfenster waren heruntergekurbelt. Wind durchbrauste das Wageninnere, und ab und zu zerstoben Rauch und Asche von der Zigarette meiner Mutter und flogen mir in Augen und Nase. Vom Zigarettenrauch, der Sommerhitze und dem Auf und Ab des Wagens, der wie ein Boot in der Dünung über die als Weideland genutzten Hügel fuhr, begann mir übel zu werden.

Oder war mir schlecht von meinem Verrat, meinem Vergehen mit G.? Angst befiel mich, wie ich da mit meiner Mutter im Wagen saß. Ich hatte etwas getan, was uns trennte, und nichts würde mehr so sein, wie es einmal gewesen war. Was würde aus mir werden? Wir fuhren durch die Landschaft von Virginia, und ich lehnte mich ein Stück weit zum Fenster auf der Beifahrerseite hinaus und ließ mir den Wind ins Gesicht wehen.

Ich weiß nicht, wie es G. danach erging. Mag sein, dass sie inzwischen selbst Kinder hat. Es dauerte nicht lange, bis meine Familie nach Florida zog, zuerst in ein Haus in einem großen Neubaugebiet am damaligen Westrand von Miami, dann weiter südlich, in das Haus im Bauhaus-Stil. Irgendwann ging ich nach Virginia aufs Internat. Ich entsinne mich, dass ich etwa zu der Zeit, als ich von Woodberry Forest abging, oder kurz nachdem ich erneut von zu Hause weggegangen war, um das College in New England zu besuchen, hörte, dass mein alter Freund Peter mit dem Wagen von der Straße abgekommen, gegen einen Baum geprallt und ums Leben gekommen sei. Der Unfall passierte, glaube ich, nachts. Ich weiß nicht, ob er getrunken hatte.

Aber es gibt noch eine andere Geschichte, zu der ich kommen möchte, eine, die mit Büchern zu tun hat. Sie spielt in Florida, in dem Haus im Bauhaus-Stil, dem von Palmen und hohen Kiefern umgebenen Haus. Dort begann ich bewusst, systematisch und auf Aneignung bedacht zu lesen, das heißt, ich begann mich selbst beim Akt des Lesens wahrzunehmen, möglicherweise weil Verbindungen *zwischen* Büchern für mich erkennbar wurden und Bedeutung gewannen. J. R. R. Tolkiens *Der Herr der Ringe* erfreute sich damals, während der Hippie-Zeit, großer Beliebtheit; man musste es einfach lesen, und das tat ich, in eleganten Bänden, die als Kassette erschienen. Das hatte weitere Kassetten zur Folge. 1972 gab es viele davon, herausgegeben vermutlich in der Hoffnung, vom Hunger der Leser nach Erfahrungen zu profitieren, die den Tolkien-Trip wiederholten oder annähernd wiederholten, einen Trip, der von vielen Leuten als gewaltige, von barfüßigen Kommunarden bewerkstelligte Neuordnung der Welt – das Ende ungerechter Kriege und postindustrieller Tyrannei – aufgefasst wurde. Was mich für den *Herrn der Ringe* einnahm, war jedoch nicht Tolkiens Aussage. Mich faszinierte, glaube ich, das, was man den Geist der Erzählung nennen könnte, der sich technisch gesehen in den Regeln und Gesetzen niederschlägt, die das komplizierte Gefüge der Gesellschaften von Mittelerde sowohl hervorbringen als auch bestimmen: Jede dieser Gesellschaften hat ihre eigene Sprache und Geschichte, ihre Verhaltenskodices, ihre kämpferische Beziehung zu Gut und Böse, ja sogar ihre eigene Magie. Das zur Zeit des Heranwachsens erwachende Bewusstsein für Systeme sozialer und psychologischer Interdependenz war für mich eine stille Offenbarung. Ich wollte noch mehr vielbändige Fluchten in den inneren Raum. Bücher weihten mich in meine Fähigkeit ein, Verbindungen nachzuspüren – die friedlichen Bauern mögen weit entfernt von den Schatten am Berg des Todes wohnen, aber sie können zu diesem Dunkel gelangen, wenn sie den sprechenden Bäumen zuhören; ein Leser mag die Legitimität anderer Welten als der eigenen bezweifeln, aber er kann diese Welten trotzdem durchqueren, wenn er nur weiter umblättert – und binnen kurzem bestanden die Verbindungen, auf die es ankam, zu anderen Büchern.

Eines war H. G. Wells' *Die Insel des Dr. Moreau*, die Geschichte eines verrückten Wissenschaftlers, der eine entlegene Insel als eine Art befestigtes Reservat für seine lebendigen, halb menschlichen, halb tierischen Schöpfungen verwendet, die verstümmelten Produkte von Laborexperimenten in der im neunzehnten Jahrhundert verbreiteten Pseudowissenschaft der Vivisektion, Kreaturen, die voller Qual und Zorn auf ihren Herrn den Dschungel durchstreifen. *Die Insel des Dr. Moreau* sprach mich an. Das Buch gehörte zu einer Kassette mit Science-Fiction-Romanen von Wells: *Der unsichtbare Mann*, *Der Krieg der Welten*, *Die Zeitmaschine*, *Die Riesen kommen* usw., jeder davon, was mich anging, eine ziemlich gründliche, metaphorische Darstellung irgendeines Aspekts der Conditio humana. Ich besaß C. S. Lewis' *Jenseits des schweigenden Sterns*, *Perelandra* und *Die böse Macht*, in denen es, wie sich herausstellte, nur insofern um andere Welten geht, als sie wie die Epen von Tolkien auch vom Christentum handeln; und ich erinnere mich außerdem an eine Reihe wirklich seltsamer Werke von E. R. Eddison, einem weitgehend in Vergessenheit geratenen englischen Autor von zuweilen undurchdringlichen Abenteuerromanen im mittelalterlichen Stil. Eddisons *Der Wurm Ouroboros* – der Titel bezieht sich auf einen Drachen, der seinen eigenen Schwanz verschlingt, eine anschauliche Illustration niemals endender Zirkularität – bereitete mich auf *Das Nibelungenlied* vor, eine Lektüre, die ich in der zehnten Klasse von meiner Deutschlehrerin als Strafarbeit aufbekam, weil ich den Unterricht gestört und mich um die Hausaufgaben gedrückt hatte. Frau Webb glaubte mich damit in Verlegenheit zu bringen, aber ich war inzwischen sehr vertraut mit dem Kopfabschlagen und Metsaufen, der Aura von Todesverherrlichung, die man in nordeuropäischen Sagen findet.

Ich erinnere mich an ein Mädchen namens Eileen, das im Deutschunterricht hinter mir saß. Ich drehte mich häufig auf meinem Platz um und betrachtete Eileens Beine. 1972 war die Schule in Miami ein erotisches Martyrium, weil die Mädchen in Strandkleidung kamen. Manchmal, wenn es klingelte, zwang mich meine Erektion, noch ein, zwei Minuten an meinem Platz sitzen zu bleiben, ehe ich zur nächsten Unterrichtsstunde davonwankte. Meine Bücher hielt ich mir vor den Unterleib.

Die Bücher also. Nicht nur ihr Innenleben war für mich von Bedeutung. Mir lag auch an ihrer materiellen Beschaffenheit. Ein Buch von ordentlichem Gewicht, das sich gut aufschlagen ließ und sauberen Text auf genarbtem Papier offenbarte, funktionierte zufrieden stellend als physisches Behältnis seiner vertrauten oder unvertrauten Welten und machte die Erfindungen des Autors konkreter, augenscheinlich realer. Viele Jahre nach der Zeit, die mich hier beschäftigt – ich war erwachsen, wohnte in New York und veröffentlichte selbst Bücher –, besuchte ich die Folger Library in Washington, wo man mir in einem unterirdischen Gewölbe die gewaltige Sammlung früher Druckwerke zeigte, darunter auch der Welt größte Kollektion von ersten Folio- und Quart-Ausgaben Shakespeares. Aus irgendeinem Grund hatte mein Führer nichts dagegen, dass ich die Bücher anfasste, und ich ging die Regale entlang und nahm nicht nur Shakespeare, sondern auch Chaucer und Sir Philip Sidney herunter. Ich weiß noch, wie ich Sidneys *Arcadia* aufschlug, ein wuchtiges, dichtes Prosawerk, eine Art Kosmologie elisabethanischer Liebe und Politik, geschrieben für die Schwester des Autors, die Gräfin von Pembroke. Die Seiten des Bandes in meiner Hand zeigten in geradezu verblüffendem Relief um jeden Buchstaben die von der Druckerpresse hinterlassenen, kräftigen Abdrücke. Die Anordnung der zu Wörtern geformten Buchstaben, der zu Sätzen geformten Wörter und der zu Absätzen geformten Sätze schien vollkommen, als hätte der Hersteller des Buches genau gewusst, welche Textverteilung die Bewegung des Auges über die Seite am besten unterstützt. Gegen Ende des sechzehnten Jahrhunderts erschienen, beginnt die *Arcadia* folgendermaßen:

Der Erdboden begundte nunmehr eine frische Zier anzunehmen / wegen herbey nahung seines liebsten Buhlen / vnd die Sonn gab einen vnparteyischen Schiedsmann zwischen Tag und Nacht / als der trostlose Schäffer Strephon bey dem sandigen Meervfer / so stracks gegen der Insul Cythera vber gelegen / anlangete. Demnach er aber an solchem Orte sich vmbgesehen / auch seine Augen gegen gedachter Insul mit frölicher Gestalt schiessen lassen / ruffete er seinem lieben Gesellen / vnd ließ ihm erstlich auß seinem Angesichte lesen den Vnmuth / welchen er im Herzen hatte / sagete darauff wider ihn: Sihe da / mein liebster

Claius / wir seyn nunmehr hieher kommen zu bezahlen vnnd außzurichten den Tribut / welchen wir unserer Erinnerung schuldig seyn!

Die Wörter auf der Seite nahmen mich gefangen, genau wie die Seite selbst, geschmeidig und widerstandsfähig und tief im Gewebe des Papiers von dunklen Flecken marmoriert. Die Bindung war beweglich. Mein Atem ging rasch. Ich war neugierig auf die Bücher der Folger Library gewesen, hatte aber nicht mit ihrer Robustheit und ihrem starken taktilen Reiz gerechnet. Es gab sie schon so lange. Während mein Führer und ich mit dem Fahrstuhl in den Hauptlesesaal zurückfuhren, überlegte ich, wen ich anrufen könnte. Mit wem konnte ich die unbändige Begeisterung teilen, in die das Betrachten dieser Bücher mich versetzt hatte? Wie ich mich erinnere, rief ich meinen Vater an, der geduldig zuhörte, wie ich schilderte, was für Empfindungen es ausgelöst hatte, *Arcadia*, *Der Schäferkalender* und *Ein Mittsommernachtstraum* in Händen zu halten. Ich will auf den Gedanken hinaus, dass Bücher den Inhalt nicht in jedem Falle nur auf ihren Seiten vermitteln; in einer ganz fundamentalen Hinsicht beschirmen und beherbergen Bücher, zumal die schönsten, ihren Inhalt.

Ich wollte schöne Bücher. Ich wollte wissen, was mein Vater wusste, mir jedoch nicht sagen wollte oder konnte, wenn er unbehaglich vor den Regalen in unserem vertieft angelegten Wohnzimmer in Miami stand. Und so begann ich mir selbst eine Bibliothek zu schaffen.

Eines Abends, einen Monat vor Weihnachten 1972, als wir in dem Haus im Dschungel beim Essen saßen, machte mein Vater einen Vorschlag. Sein Vorschlag richtete sich nicht direkt an mich, doch er enthielt eine Anerkenntnis der Fragen, die ich ihm über Literatur gestellt hatte, wenn nicht gar eine Antwort darauf. Mein Vater schlug vor, dass er, meine Mutter, meine Schwester und ich uns an Weihnachten gegenseitig Bücher schenken sollten. Wir würden es ganz schlicht gestalten und nicht zu viel ausgeben. Wir würden ein Bücher-Weihnachtsfest feiern.

Ich weiß noch, dass ich dachte: *Bücher?* Moment mal! Und wo bleiben die ganzen anderen Sachen? Aber ich verstand, dass ich aufgefordert wurde, mich als ernsthafter Mensch zu beweisen. Wenn Bücher für einen zum Mittel werden, die Gesellschaft und die Welt zu betrachten und zusammenzufügen, dann ist der Austausch von Büchern vielleicht eine Initiation in eine authentische Zugehörigkeit zu dieser Welt.

Die Entscheidung fiel rasch. Meine Schwester war begeistert und ich ebenso. Ich wusste sogar, welche Bücher ich mir wünschte. In einem Geschäft in South Miami hatte ich eine imposante, mit Anmerkungen versehene zweibändige Ausgabe – natürlich im eleganten Schuber; das war ganz wichtig – der Sherlock-Holmes-Geschichten von Arthur Conan Doyle gesehen. Sie wurden das Geschenk, auf das ich aus war, und ich ließ mehrere Wochen lang Hinweise fallen und erklärte mit besonderem Nachdruck meine Leidenschaft für Hardcover.

In meiner Familie war Weihnachten eine Zeit, in der Glückshoffnungen ritualisiert und gewissermaßen ausagiert wurden. Die Feiertage erforderten Schutz vor der Zwietracht, die unsere Alltagsexistenz bestimmte, und die Tage davor, an denen es ruhiger als sonst zuging, erschienen nach und nach wie das Ende der Schwierigkeiten meiner Eltern und der Anbruch einer friedlichen Zeit in unserem Leben; aus diesem Grund hing sehr viel an den konkreten Geschenken, besonders an denen meines Vaters für meine Mutter. Sein Vorschlag eines Bücher-Weihnachtsfestes könnte der Versuch gewesen sein, das psychische Gewicht zu verringern, das den unter den Baum gelegten Dingen anhaftete, obwohl ich mich, wenn ich an die Rolle meiner Mutter bei einem solchen Weihnachtsfest denke, fragen muss, ob die Last wirklich sehr verkleinert wurde. Sie hatte viele Gaben, meine Mutter, und trotz allem hatte sie auch ihre Freuden, aber das Lesen stand nicht ganz oben auf der Liste. Manchmal sah ich sie mit irgendetwas von einem Autor, den sie und mein Vater privat kannten, einem Bekannten von der Universität, der als Romancier oder Lyriker hervorgetreten war. Abgesehen davon jedoch, dass sie die Produktion von Freunden aus der akademischen Welt der Südstaaten verfolgte – und das wohl kaum mehr als halbherzig –, war sie nicht das, was man eine Leserin nennen würde. Sie gab keinerlei Neugier auf das zu erkennen, was man in Büchern finden konnte, und sie stellte weder Fragen, noch machte sie Bemerkungen, die sich auf bekannte Bücher bezogen. Als Teenager hörte ich sie niemals Gefühle äußern, die von etwas hervorgerufen worden waren, was sie gelesen hatte.

Wie einsam er sich fühlen muss, dachte ich zuweilen, während ich aufwuchs. Und dann fragte ich mich: Warum haben sie überhaupt geheiratet? Und kurz darauf fragte ich mich: Warum haben sie eigentlich *zweimal* geheiratet? Die Zeit, in der ich mich durch Lektüre selbst zu erforschen begann, war zugleich die Zeit, in der ich anfing, die Probleme in meiner Familie zu analysieren, und vermutlich fasste ich die Gleichgültigkeit meiner Mutter gegenüber Büchern als Geringschätzung der mittels Gedrucktem stattfindenden Zwiesprache zwischen Autor und Leser auf, jener inneren Erfahrung, die wir geschriebenen Worten entnehmen. Empfand sie Verachtung für meinen Vater, der diese Erfahrung bei seinen Studenten nährte?

Das ist keine schlechte Frage. Ich wollte diese Sherlock-Holmes-Ausgabe im Schuber nicht von Ungefähr. Der Meisterdetektiv ist ein Beherrscher des Universums. Seine logischen Schlüsse erlösen uns von der Qual, in einer unerklärlichen Welt zu leben. Die Logik hinter der Ehe meiner Eltern konnte ich nicht entwirren, doch wenn ich Arthur Conan Doyle las, konnte ich kurzzeitig meine Gefühle der Hilflosigkeit beherrschen. Beherrschung war das Ziel des Erwerbs von Büchern in Kassetten. Kassetten verhießen den Triumph der Vollständigkeit. Es reichte nicht, ein, zwei Geschichten zu lesen; ich wollte Gesamtheit. Die Kassette beherbergte ihre verschiedenen Bände als voneinander abhängige

Teile einer intakten Welt. Das Reich der Kassette zu erobern hieß, sich starke Magie anzueignen – die Magie meines Vaters. Ich konnte nicht wissen, dass ich meinen Vater bestahl, aber das tat ich. Ich begann, das Schreiben zu studieren und mich darauf vorzubereiten. Ich kann mich nicht entsinnen, was ich meinen Eltern oder meiner Schwester 1972 zu Weihnachten schenkte. Ich erinnere mich aber noch, dass ich die Holmes-Geschichten bekam, allerdings als Paperbacks und nicht in der Ausgabe, die ich mir vorgestellt hatte.

In der Nacht vor Weihnachten stritten meine Eltern. Mein Vater hatte seinem eigenen Vorschlag zuwidergehandelt und um den Baum herum eine Anzahl kunstvoll verpackter Päckchen für meine Mutter aufgebaut. Meine Schwester und ich hatten natürlich nicht damit gerechnet, dass er ihr nur Bücher schenken würde. Trotzdem, auch vor unserem Erwartungshorizont gesehen, war die Fülle auffällig.

Es war eine lange, dunkle Nacht. Meine Mutter betrank sich bis zum Umfallen. In ihren schlimmen Phasen hatte sie die Gewohnheit, an der Tür zu meinem Zimmer stehen zu bleiben. Sie stand schwankend in der Tür und bellte mich an, dass ich nicht richtig am Familienleben teilnähme und dass es ihr egal sei, wozu ich Lust hätte oder keine Lust hätte – sobald ich achtzehn sei, könne ich tun und lassen, was ich wolle, denn dann würde ich hier Miete zahlen, aber bis dahin hätte ich keinerlei Rechte –, und ich könne mich zum Teufel scheren. Oder sie griff irgendeine Unzulänglichkeit wie etwa meine schlechten schulischen Leistungen heraus und attackierte mich deswegen auf eine Weise, die nahe legte, dass ich die eigentliche Ursache für das Elend unserer Familie sei. Ich schwankte jedes Mal in meinen Gefühlen: Ich war wütend auf sie und machte mir zugleich Sorgen, dass sie stürzen könnte. Es war ein jämmerliches Dilemma. Irgendwann an Heiligabend legte sie sich mit mir an. Ich kann mich nicht erinnern, was sie sagte oder ob ich mitten in ihren Streit mit meinem Vater hineinplatzte, die kleine Treppe ins Wohnzimmer hinuntergerannt kam, wo mit brennenden Lichtern der Baum stand. Ich weiß noch, dass meine Schwester sie anflehte aufzuhören. Um drei oder vier Uhr morgens gab es einen lauten Krach. Unsere Mutter war in den Weihnachtsbaum gefallen, und er war auf sie gestürzt. Ich weiß noch, dass sie schrie wie am Spieß. Meine Schwester und ich rannten ins Wohnzimmer, wo mein Vater sich abmühte, ihr aufzuhelfen. Unsere Katzen hatten sich unter Stühlen verkrochen. Der Boden war mit Glassplittern und zerbrochenem Weihnachtsschmuck übersät. Wasser aus dem Christbaumständer hatte sämtliche Geschenke durchnässt. Meine Mutter behauptete, sie habe sich den Arm gebrochen, was aber nicht stimmte. Wir hievten sie vom Boden hoch und irgendwie ins Bett, und dann, ich weiß nicht mehr genau, fegte mein Vater die ganze Schweinerei zusammen und stellte den Baum wieder hin, und einige Zeit später ging die Sonne auf.

Ich schlief, jedenfalls ein wenig. Ich wachte von den Geräuschen auf, die meine Schwester machte, als sie unseren Eltern ein spezielles Weihnachtsfrühstück zubereitete. Ich stand auf, und Terry war in der Küche und schnitt Obst. Ich bezweifle, dass wir viel zueinander sagten.

Es dauerte lange, bis unsere Eltern sich am Weihnachtsmorgen sehen ließen. Meine Mutter brauchte Kaffee und Zeit im Bett. Vielleicht hatte sie sich bei dem Sturz Prellungen zugezogen, aber sie sagte uns nicht – vermutlich wegen des Anlasses –, ob sie Schmerzen hatte. Von Kissen gestützt, lag sie im Bett und stocherte bis elf in ihrem Frühstück, dann schleppte sie sich zu einem Stuhl in der Nähe des Weihnachtsbaumes. Sie brauchte eine Weile, um ihre Kaffeetasse, Zigaretten, Feuerzeug und Aschenbecher auf einem Tisch neben dem Stuhl aufzubauen. Sobald sie so weit war, begannen wir die Geschenke auszupacken. Alle waren still. Meine Schwester hatte getan, was sie konnte, um Weihnachten zu retten.

Wir wechselten uns beim Auspacken ab. Ich packte die Sherlock-Holmes-Paperback-Kassette aus, später noch andere Bücher und dann einige anders geartete Geschenke. Kleidungsstücke vermutlich. Ich erinnere mich, wie mein Vater etwas von meiner Mutter musterte und sich zu einem dankbaren, liebevollen Lächeln zwang – sie hatte genau das Richtige gefunden –, ein Lächeln, das ebenso uns wie ihr und ihm selbst galt, weil auch er den Morgen und mit dem Morgen wohl auch seine Würde retten wollte. Meine Mutter habe ich im Wesentlichen als Gefangene der Geschenke in Erinnerung, mit denen er sie überschüttete. Sie hatte damals eine kleine Sammlung von Art-nouveau-Kunstgegenständen begonnen – Kerzenleuchter, Knospenvasen, Kupferschüsseln, versilberte Serviertabletts –, und soweit ich mich erinnere, schenkte ihr mein Vater in jenem Jahr eine ganze Reihe solcher Stücke. Immer wieder war meine Mutter gezwungen, ihre Zigarette abzulegen, ein Päckchen aufzureißen, zu lächeln und künstliche Begeisterungslaute von sich zu geben. Es war kaum mit anzusehen. Sie hatte keine Kontrolle über ihren Alkoholismus. Das verstand sie nicht. Genau wie wir.

TEIL 7

Eines Abends, als ich zehn war, in dem Jahr, bevor wir die Stadt verließen und auf die Farm am Fuß der Berge zogen, klopfte ein Mann, der eine Waffe trug, an die Eingangstür unseres Hauses in der Lewis Mountain Road in Charlottesville. Mein Vater öffnete – er hatte auf den Besuch gewartet –, und der Bewaffnete, ein Literaturprofessor, Freund und Kollege meines Vaters an der Universität, sagte hallo. Mein Vater und meine Mutter hatten bis zu diesem Moment gestritten. Es war ein übler Streit gewesen. Mein Vater bedankte sich bei dem Mann für sein Kommen und bat ihn herein. Die Waffe war, soweit ich mich erinnere, ein langläufiger Revolver, der in einem Holster an einem Gürtel im Western-Stil steckte, den der Mann zusammengerollt in der Hand hielt. Der Revolver hing an seiner Seite, knapp über seinen Knien. Der Mann kam mit dem Revolver ins Haus, und mein Vater schloss die Tür. Ich sah von oben zu, von dem dunklen Flur am oberen Ende der Dielentreppe, und konnte, während ich zwischen den weißen Geländerstäben hindurch nach unten spähte, meinen Vater und seinen Freund sehen, wie sie durch den Eingangsbereich ins Wohnzimmer gingen, wo der Mann «Hallo, Lou» sagte.

«Hallo», antwortete meine Mutter. Er legte den Revolvergürtel auf den Couchtisch neben ihrem Sessel. Mixte mein Vater unserem Gast einen Cocktail? Ich hatte noch nicht gelernt, die im Verlauf eines Abends für meine Eltern geltende Korrelation zwischen der Menge des konsumierten Alkohols und der Wahrscheinlichkeit eines Streits zu bestimmen, aber ich hatte mich in den Jahren, nachdem meine Mutter und mein Vater sich hatten scheiden lassen – und sie, meine Schwester und ich in unserem einstöckigen Ziegelsteinhaus in der Eighth Street in Tallahassee, Florida, wohnten –, daran gewöhnt, meine Mutter mit ihrem Bourbon on the Rocks zu sehen.

Wir waren so etwas wie eine unvollständige Familie gewesen, wir drei in jenem Haus, dem Haus gegenüber der Kirche, deren rostende Kirchturmspitze gekappt war und auf dem Boden lag. Meiner Erinnerung nach war das Gras des Kirchhofs licht und verunkrautet – nicht wild wuchernd wie ein Garten um ein verlassenes Haus, sondern ungepflegt. Fehlte es der Kirche an Mitteln zur Instandhaltung? Lag deshalb die Kirchturmspitze verlassen auf dem Boden?

Andererseits kann ich mich auch erinnern, dass der Kirchhof ordentlich und gut gepflegt aussah. Die Ränder des Weges, der von der Straße zur Kirchentür führte, waren, so erscheint es mir jetzt – *kann* es mir jetzt erscheinen – sauber getrimmt. Vielleicht wuchsen Unkraut und hohes Gras nur um den Rand der Kirchturmspitze selbst, in dem schmalen Bereich, der mit Rasenmähern und Trimmgeräten nicht gefahr- oder problemlos zu bearbeiten war. Sonntagmorgens versammelte sich eine adrett gekleidete Gemeinde auf dem gemähten Rasen vor der Kirche und später, während des Gottesdienstes, hörte man ihren Gesang aus dem Gebäude dringen. Möglich auch, dass das Unkraut, an das ich mich erinnere, nicht auf dem hübschen Kirchhof, sondern auf dem unbebauten Grundstück daneben wuchs, dem zerwühlten, improvisierten Spielplatz auf der anderen Seite der am Boden liegenden Kirchturmspitze.

Doch brauchte sie selbst nicht ebenso dringend einen Anstrich wie der amputierte Turm? Was für Leute gingen überhaupt dorthin? Ich war acht Jahre alt, dann neun, und ich kletterte auf die Kirchturmspitze, rannte darauf entlang, sprang davon hinunter und fiel in das verunkrautete, vielleicht auch nur üppige Gras. Die Kirchturmspitze glich dem Rumpf eines Bootes mit abblätternder Farbe, eines Bootes, das man vor Jahren aufs Land gezogen und von dem man Teak- und Messingteile abgeschraubt hat. Noch heute rechne ich damit, dass ich sie vielleicht dort auf dem Kirchhof fände, wenn ich unser altes Haus in Tallahassee besuchen würde. Das ist natürlich unwahrscheinlich. Es ist fast vierzig Jahre her, dass wir aus dieser Stadt weggezogen sind. Ich bin seither nicht dort gewesen und meine Schwester auch nicht. Ende der Siebziger kam meine Mutter als Studentin wieder und pendelte von Miami aus, um die für ihren Doktortitel erforderliche Arbeit abzuschließen. Ich kann mich nicht erinnern, dass sie je von dem Haus, der Kirche oder der Kirchturmspitze gesprochen hätte. Deshalb existiert dieser Ort im Gegensatz zu anderen Orten, an denen wir entweder mit oder ohne meinen Vater gelebt haben, Orte, an die ich aus dem einen oder anderen Grund noch einmal zurückgekehrt bin – Sarasota, Miami, Charlottesville –, existiert also dieser Ort mit seinen riesigen, mit Louisianamoos überzogenen Bäumen, seinem Kieferngeruch, seinen unbefestigten Straßen nahe der Stadtmitte, seinen nahe gelegenen Seen und langsam dahinströmenden, schwarzen Flüssen für mich mit der ganzen Macht einer Phantasie.

In dieser Phantasie kommt ein Mann, der nicht mein Vater ist, meine Mutter besuchen und führt sie zum Essen und ins Kino aus. Als er zu der Verabredung kommt, springen zwei Chihuahuas vom Beifahrersitz seines Wagens, flitzen durch den Garten und jagen unsere Katze. Wer ist dieser Mann? Was macht er hier? Was ist mit unserem Vater in Virginia, dem ich Postkarten schreibe, auf denen steht: «Lieber Dad, mir geht's prima. Wie geht es dir?», Postkarten, auf die ich Antworten bekomme, die sich wie dringende Bitten lesen: Ob ich ihm nicht etwas über mein Leben erzählen könne. Ob ich ihm nicht erzählen könne, was ich so mache.

Was ich so mache? Ich liege nachts wach, von Amphetaminen aufgeputscht, und ringe nach Atem. Ich spiele auf einem gedachten Schlagzeug «Day Tripper» von den

Beatles, während mein Freund John Covington Luftgitarre dazu spielt. Ich versuche den Mut aufzubringen, vom höchsten Brett des Sprungturms im Schwimmbad der Florida State University zu springen, und ich fahre auf meinem roten Fahrrad. Ich gehe zum Turnen bei den Tallahassee Tumbling Tots, obwohl es mir nicht gelingt, über das Radschlagen hinauszukommen. Ich mag ein blondes Mädchen namens Susan, das mit mir in die dritte Klasse geht, aber sie zieht weg. Ich werde noch jahrelang träumen, dass ich sie wiederfinde. Allein in meinem Zimmer, baue ich Modellschiffe und -flugzeuge, schmiere ungeduldig Farbe auf die Rümpfe, Geschütze und Aufbauten, *nachdem* ich sie zusammengebaut habe, weil ich es nicht abwarten kann, sie in fertigem Zustand zu sehen. Ich will meinen Stuhl, meinen Schreibtisch, die Wände meines Zimmers orange gestrichen haben, aber daraus wird nie etwas. In dem Haus nebenan wohnen ein Feuerwehrmann, seine Frau und sein Sohn, und die Band des Sohnes, *The Other Side*, übt in der Garage, und ich gehe hinüber und setze mich auf eine Box. In der Garage riecht es nach schmorenden Stromkabeln. Einer nach dem anderen verschwinden die Brüder und Freunde der Bandmitglieder nach Vietnam. Ich bin bei den Wölflingen. Unsere schwarzhaarige Wölflingsleiterin lässt uns vom Dach ihres Hauses aus Wasserbomben auf Fußgänger werfen, die auf der anderen Seite einer hohen Hecke vorbeikommen. Sie hat einen Sohn, den wir nie zu Gesicht bekommen, obwohl wir ihn in einem Zimmer im ersten Stock Horn spielen hören. Unten im Garten blödeln wir herum, rempeln einander und machen uns unsere blaue Kluft dreckig. Eines Tages schmeißen die maßgeblichen Stellen unsere Wölflingsleiterin hinaus, und bald stehe ich in einem baumlosen Garten in der Vorstadt und lerne Knoten oder sitze an einem Küchentisch und male für meine Mutter Zuckerstangen auf eine Kaffeetasse. Im tiefsten Inneren weiß ich, dass etwas nicht stimmt. Ich will, dass mein Vater endgültig zu uns zurückkommt, anstatt nur einmal im Monat. Ich bin ein halsloses Monster in der *Katze auf dem heißen Blechdach* am Universitätstheater. Ein Schild an der Toilettentür hinter der Bühne verbietet das Betätigen der Spülung während der Vorstellung, doch ich bringe es trotzdem fertig zu spülen, und das Geräusch durchrauscht das Theater. Im folgenden Jahr, als ich den jungen MacDuff spiele, erscheint mein Bild in der Zeitung, neben einem Artikel über die Inszenierung. In der Bildunterschrift bin ich «der kleine Donnie Antrim». Der Fotograf hat mich gebeten zu schreien, aber ich bin zu befangen, um vor der Kamera zu schreien, versuche jedoch trotzdem Todesqual vorzutäuschen, sodass es in der Zeitung den Anschein hat, dass ein sommersprossiger Junge ein irres Lachen ausstößt, während ihm ein Dolch in den Rücken gestoßen wird. Viele Jahre später, in New York, werde ich den Mann wieder treffen, der den Macbeth gespielt hat. Er tritt downtown als Monster in einer Inszenierung von *Frankenstein* auf.

In der Phantasie jedoch fahren meine Schwester und ich mit unseren Eltern im Auto. Mein Vater ist zu einem der kriegerischen Wochenenden meiner Eltern aus Virginia gekommen, und wir haben die Großeltern in Sarasota besucht. Vor unserer Rückkehr nach Tallahassee machen wir in Clearwater Station. Im Haus meiner Tante erleben Terry und ich eine Überraschung. Die Tante, die kein Geheimnis für sich behalten kann, fragt uns, was wir von der Entscheidung unserer Eltern hielten, wieder zu heiraten. Ob wir uns freuten. Ob wir glücklich seien. Für uns ist das eine wunderbare Nachricht, und wir hüpfen auf und ab, laufen um den Küchentisch unserer Tante herum, zupfen unsere Eltern an den Kleidern und schreien ihnen ins Gesicht: «Stimmt das wirklich? Ihr heiratet? Wirklich?»

Nicht lange, und wir sitzen wieder in dem schwarzen Käfer und fahren Richtung Westen, in das Land der Raststätten, von Alligatoren wimmelnden Seen und Pferdefarmen. In Gainesville parken wir vor der episkopalischen Kirche, in die wir gegangen sind, bevor unsere Eltern ihre Ehe beendet haben. Nachdem unsere Eltern und der Pastor ein kurzes Gespräch in seinem Büro geführt haben, halten wir eine kurze Probe ab. Dann schreiten wir zur tatsächlichen Zeremonie. Wir gehen als Familie den Mittelgang der leeren Kirche entlang. Meine Schwester hat einen Blumenstrauß in der Hand und ich, in kurzen Hosen, trage die Ringe. Meine Aufgabe besteht darin, meinem Vater den Goldring zu reichen, den er meiner Mutter anstecken wird. Ich erinnere mich an meine Bangigkeit an jenem Tag in der Kirche. Ich wartete auf mein Stichwort. Ich wusste, dass die

Ringe meiner Eltern in meiner Tasche waren, aber ich hatte trotzdem Angst, dass ich bei meiner Aufgabe versagen würde. Würde ich in meine Hosentasche greifen und feststellen, dass ich die Ringe verloren hatte? Würde ich einen auf den Boden fallen lassen? Und könnte er dann nicht unter eine Bank kullern und verschwinden?

Aber Moment. Steckten die Ringe in meiner Tasche, oder lagen sie auf einem Kissen, einem Samtkissen, das ich wie ein Serviertablett trug? Oder befanden sie sich in einer Schachtel – einer Schachtel in meiner Tasche? Oder steckte ein Ring in einer und der andere in der anderen Tasche? Wessen Ring war in welcher Tasche? Ich habe eine Erinnerung an eine Stimme – die meines Vaters? –, die zu mir sagte: «Pass auf, dass du sie nicht verlierst.» Aber wo in der Kirche hätte ich die Ringe meiner Eltern unauffindbar verlieren können?

Wir packten den kleinen Haushalt in Tallahassee zusammen. Ein Umzugswagen brachte unsere Sachen fort. Ehe wir nach Viginia abreisten, ging ich über die Straße, stellte mich in das Gras neben der Kirchturmspitze und weinte um die Freunde, die ich nie wieder sehen würde. Zelda Fitzgerald, unsere Katze, kam in einem Käfig auf den Rücksitz des Wagens, dann stiegen wir selbst ein und fuhren über die Staatsgrenze nach South Georgia und von dort aus durch die diversen Landschaften, die die Stadien der Reise nach Norden markierten. Wir fuhren durch die Kieferngehölze von Georgia, um breite, von Menschenhand geschaffene Seen herum und über rote Hügel. Weiter ging es durch South und North Carolina, zwischen Mais- und Tabakfeldern hindurch, vorbei an heruntergekommenen, verrottenden Scheunen, auf deren Dächern für Pecannüsse und Feuerwerkskörper Reklame gemacht wurde. Jedes Mal, wenn meine Schwester oder ich bei einem Blick aus den Wagenfenstern fern im Westen eine große Hügelkette sah, stellten wir uns vor, wir hätten die Blue Ridge Mountains erreicht. Die Blue Ridge gehörte zur Welt unseres Vaters.

In Charlottesville schafften wir unsere Sachen in ein Haus in der Lewis Mountain Road, ein Stück weit hinter dem Memorial Gym und den Tennisplätzen der Universität. Das Haus war nicht groß. Es war weiß gestrichen, mit einer Haustür, die ich gern rot in Erinnerung hätte, die wahrscheinlich aber ebenfalls weiß war. Wir hatten einen schmalen Garten, der nach hinten anstieg; man hatte Platz, um einen Ball zu werfen, aber nicht genug, um ein Spiel zu machen. Im Keller gab es kaputte Trennwände zwischen unbeleuchteten Räumen, die rochen, als gelangte man durch sie in Gänge, die unter Straßen und Häusern in die Erde hinabführten. Die Küche über dem Keller war in gedecktem Weiß gehalten und gemütlich, kleiner als die Küche in Fiddler's Green, wo wir im folgenden Jahr hinziehen würden. Jedes Mal, wenn wir umzogen – und das taten wir alle ein, zwei Jahre, als wäre das Leben ein Hindernisrennen durch gemietete Häuser –, gingen wir binnen weniger Tage in die neuen Räume, strichen die Wände, packten die Bücherkisten aus, staubten die Blumenvasen ab, räumten das Besteck ein, hängten die Bilder auf und rollten die Teppiche aus, als hätten wir es eilig, ein Zuhause zu schaffen, das gegenüber dem vorangegangenen eine Verbesserung darstellen würde, ein Zuhause, in dem wir das vorangegangene Unglück vergessen oder wenigstens der Vergangenheit zuweisen könnten, obwohl wir doch wussten, dass es wiederkommen würde, sobald in dem neuen Wohnzimmer die Sessel zurechtgerückt und in den neuen Schlafzimmern die Betten gemacht waren.

Einige Jahre vor ihrem Tod erzählte mir meine Mutter, dass ihr schon bald nach ihrer zweiten Heirat mit meinem Vater klar geworden sei, dass die Frau, mit der er seine Affäre gehabt hatte, noch keineswegs der Vergangenheit angehörte. Nach unserem Umzug von Tallahassee nach Charlottesville sei sie, meine Mutter, bei gesellschaftlichen Anlässen im Hause von Kollegen und Freunden meines Vaters zuweilen mit fragenden Blicken begrüßt worden, als wären sich die Leute, die sie kennen lernte, unsicher, ob es sich wirklich um seine Frau handelte.

Ihre Rivalin war eine Dichterin, die weit weg lebte. Nachdem ich das College abgeschlossen hatte und nach New York gezogen war, kamen mir mehrere Male Gedichte von ihr unter. In einem Zeitschriften- oder Buchladen stehend, suchte ich die Zeilen nach Bildern, nach einer Stimme ab, die eine noch so schwache Verbindung zu meinen Eltern in ihrer Jugend hätten schaffen können. Eines Tages stieß ich auf einen Brief, den sie meinem Vater geschrieben hatte. Der Brief stammte aus einer Zeit, als ich noch klein gewesen war. Er steckte zwischen den Seiten einer Paperback-Ausgabe von Tom Stoppards *Rosenkranz und Güldenstern*. Ich hatte das Buch aus dem Regal meines Vaters stibitzt, ehe ich von zu Hause weg- und aufs Internat gegangen war, und hatte es in der Folge aufs College und von dort nach New York mitgenommen. Wie kam es, dass ich den Brief nie zuvor gesehen hatte? Hatte ich das Stück nicht gelesen? Ich fand den Brief in dem Buch in den Achtzigern, als ich auf der Upper East Side wohnte. Ich erinnere mich, dass ich es mir verbot, den Umschlag zu öffnen und hineinzuschauen. Der Brief war nicht an mich gerichtet. Ihn zu lesen wäre verwerflich, vielleicht sogar unmoralisch. Wochen vergingen – oder Monate, so erscheint es mir heute –, in denen ich eine verstohlene Zuneigung zu seinem verbotenen, unbekannten Inhalt aufrechterhielt, der mir vielleicht, so meine absurde Hoffnung, ein wenig Einsicht in meine Familiengeschichte verschaffen könnte. Ich betrachtete die Verfasserin, die bei unseren Problemen eine so maßgebliche Rolle gespielt hatte, als eine Art verstoßene Verwandte. Konnte ein verirrter Brief von ihr mir helfen, zu verstehen, was mit meiner Mutter und meinem Vater geschehen war?

Ich las den Brief. Ich weiß noch, dass es nachts war. Ich saß auf dem Sofa im winzigen Wohnzimmer meiner winzigen Wohnung. Ich schlug *Rosenkranz und Güldenstern* auf, griff nach dem Umschlag, zog die darin steckenden Blätter heraus, faltete sie auseinander und begann. Ich entsinne mich einer Stelle, die ein neues grünes Kleid beschreibt, das die Verfasserin auf einer Party trägt.

Sowohl das Kleid als auch die Party werden in einer aufreizenden, spielerischen, unverhohlen erotischen Sprache beschrieben, einer Sprache, die das Verlangen der Verfasserin nach der Verehrung und der Eifersucht meines Vaters deutlich macht. Ich hatte Schuldgefühle und war peinlich berührt. Vielleicht hatte ich damit gerechnet, dass der Brief Geplauder über Bücher enthielt, wie es mein Vater meiner Vorstellung nach gern mit meiner Mutter geteilt hätte, etwa Bemerkungen über die französische Dichtkunst oder neue Tendenzen der Literaturkritik. Ich faltete den Brief zusammen, verstaute ihn wieder zwischen den Seiten des Buches und legte das Buch zu den anderen Romanen und Stücken zurück, die sich unter dem Hochbett in meinem Schlafzimmer zu schiefen Stapeln türmten. Zwanzig Jahre und ein halbes Dutzend Wohnungen später weiß ich nicht mehr, wo *Rosenkranz und Güldenstern* geblieben ist.

Die allermeisten Geschichten meiner Mutter über ihr Leben mit meinem Vater – die zornigen Geschichten, die sie mir erzählte, bevor und nachdem sie trocken geworden war – enthielten, denke ich, eine Vorstellung von der Persönlichkeitsentwicklung als Prozess des Gewinnens von Einsichten in andere Menschen: Wenn wir die Fehler derer benennen, die uns verletzt haben, schützt uns das vor Schmerz; wenn wir Beweise sammeln können, die unseren Zorn rechtfertigen, überwinden wir Scham; wenn wir die, die uns betrügen, bemitleiden, werden wir nicht betrogen, schlecht behandelt, missverstanden oder verlassen worden sein. Was aber passiert, wenn – wie es sich meiner Ansicht nach bei meiner Mutter und auch bei mir in meiner Beziehung zu ihr verhielt – das Martyrium des Verlassenwerdens das Leben selbst ist?

Zum Ende hin, in den Jahren unmittelbar vor ihrer Krebsdiagnose und noch nachdem sie eine Strahlentherapie begonnen hatte, träumte meine Mutter, dass sie und ich zusammen wegfahren, so etwas wie eine Reise unternehmen, mit dem Wagen die Gegend erkunden und in Gasthäusern übernachten würden. Sie schlug es häufig vor. «Wäre das nicht schön, Don?», fragte sie etwa, nachdem sie eine bestimmte Gegend genannt hatte – die Florida Keys oder einen noch unberührten Abschnitt im Nordwesten der Pazifikküste –, wo wir herumfahren, uns über Kunst unterhalten und einander besser kennen lernen könnten.

«Das wäre schön», sagte ich dann zu ihr. Meine Mutter wollte mit mir in die Flitterwochen fahren.

«Überlegst du es dir?»

«Klar.»

«Wir könnten im Herbst fahren.»

«*Diesen* Herbst?»

«Ist das zu bald?»

«Ich weiß nicht. Können wir darüber reden, wenn die Zeit näher ist? Ich finde es schwer, so weit vorauszuschauen.»

«Aha. Tja, ich weiß, dass du an vieles denken musst.»

«Ja, so ist das nun mal.» Voller Unbehagen stellte ich mir vor, wie ich mit meiner todkranken Mutter in einer ländlichen Herberge oder einer Strand-Cabana abstieg. Sie würde mich blamieren. Sie würde im Speisesaal laut reden und den Kellner schlecht behandeln. Ich konnte mir ausmalen, wie ich nach links und rechts schauen, mich am liebsten verkriechen oder, wenn das nicht ging, bei jedem entschuldigen würde, den wir kennen lernten.

Jedes Mal, wenn ich mir eine solche Reise vorstelle, kommt mir eine Reise in den Sinn, die wir tatsächlich unternommen haben, und zwar 1982 oder 1983, als sie darum kämpfte, trocken zu werden. Wir hatten uns im Haus ihrer Eltern in Black Mountain getroffen. Am Ende unseres Aufenthaltes dort verstaute ich ihren Koffer und meinen in ihrem Kombi, und wir traten die Fahrt nach Florida an, wo ich noch ein paar Tage bleiben wollte, ehe ich nach New York zurückkehrte. Wir fuhren in Richtung Süden durch die Berge. Auf halber Strecke, in St. Augustine, hielten wir zum Essen. Ich erinnere mich, dass wir vor einem weißen Haus parkten, einem der für Florida typischen Bungalows, wahrscheinlich in den Dreißigern oder Vierzigern gebaut. Er hatte Fenster mit Jalousien, eine steinerne Veranda mit gestrichener Holzdecke und einen blühenden Baum im Vorgarten.

Die Sonne stand im Westen. Meeresgerüche lagen in der Luft. «Sieh dir das hübsche Haus an, Don. Hier hat es mir immer so gefallen. Ich würde schrecklich gern in einem solchen Haus wohnen», sagte sie meiner Erinnerung nach.

Wir blieben stehen und betrachteten das Haus. Dann gingen wir die Straße entlang zu einem Restaurant, einem

Fischhaus. Nach dem Essen gingen wir erneut an dem kleinen Haus vorbei, stiegen in den Wagen und fuhren weiter in Richtung Süden. Der Ozean lag links von uns. Die Sonne war fast untergegangen. Wir kamen an einigen Hotels, dann an einem langen, verlassenen Strandabschnitt vorbei. Ich hielt an, stieg aus und ging über den Sand. Meine Mutter ließ ich im Wagen am Straßenrand sitzen. Soweit ich mich erinnere, ging die Brandung hoch. Ich zog mein Hemd aus, krempelte mir die Hosenbeine auf und watete hinein. Nach meinem Bad trocknete ich mich ab, so gut es ging, stieg wieder in den Wagen und fuhr in die Nacht hinein.

Aber wo war ich? In North Carolina? Georgia? Florida? New York? Oder wieder in dem Haus in der Lewis Mountain Road in Charlottesville? Oder in dem Farmhaus, das wir 1968 mieteten, nachdem wir aus der Lewis Mountain Road weggezogen waren?

Das Farmgelände war von Wiesen voller Kühe umgeben, und der Vorgarten fiel sanft gewellt zu einem steinigen Bach ab. Hinter dem Haus, auf einem Hügel, stand eine weiße, mit Heuballen gefüllte Scheune. Wenn man die Einfahrt hinauf an der Scheune vorbei und auf der anderen Seite des Hügels hinunterging, kam man an einen Teich. Am anderen Ufer des Teichs, unter tief hängenden Ästen, standen die Überreste einer Mühle. Das Wasser des Teichs war faulig und eignete sich nicht zum Schwimmen. Eines Nachmittags sah ich zu, wie eine Bande von Jungs aus einer Familie, die die Ruine eines alten Hauses auf der anderen Straßenseite besetzt hatte, im Gänsemarsch unsere Einfahrt hinaufmarschierte. Sie waren zu fünft oder zu sechst. Sie hatten Angeln dabei, die aus Stöcken gemacht waren. Ich folgte ihnen und blieb auf der Hügelkuppe hinter einem Zaun in der Nähe der Scheune stehen, um ihnen zuzusehen. Sie hatten sich auf dem kleinen, morschen Bootssteg des Teiches versammelt. In kurzer Zeit holten sie drei, vier Dutzend Flussbarsche aus dem Wasser. Einer beköderte seinen Haken mit Maiskörnern aus der Dose, warf seine Schnur aus und holte gleich darauf einen Fisch heraus, den er, am Haken zappelnd, auf die Bretter des Stegs hinunterließ. Ein anderer, sein älterer Bruder, trat dem Fisch auf den Kopf. Der Steg war blutbefleckt, hinter den Bergen ging die Sonne unter, ich war zwölf Jahre alt, und mir kam der Gedanke, dass Gott diese Kinder ernährte, dass Er mich jedoch nicht ernähren musste, weil meine Eltern Essen kaufen konnten. Wir hatten Kleider, Bücher und ein Feuer im Kamin. In den kalten Monaten holte ich jeden Abend Holz für unser Feuer von dem Stapel hinter der Garage.

Eines Herbstabends, mein Vater war verreist, ging ich hinter das Haus, um Scheite und Bretter zu holen, und fand einen sterbenden Vogel. Ich rief meine Mutter, die herauskam und in ihrem Nachthemd in der Kälte stand. Der Vogel hatte gebrochene Flügel, und sein Blick war voller Angst. Sollte ich ihn töten? Wir besaßen ein Gewehr, und ich schlug meiner Mutter vor, den sterbenden Vogel zu erschießen. Ich hatte an einem anderen kalten Tag bereits eine Schlange erschossen, die ich durch den

Vorgarten hatte kriechen sehen. Es hatte keinen Grund gegeben, sie zu töten, aber ich hatte es trotzdem getan, mit einem Luftgewehr. Ich hatte mir eingeredet, dass die Schlange gefährlich sei, und hatte sie um Bäume, Buchsbaumsträucher und den Aufsteigeblock herumgejagt, der aus der Zeit stammte, als die Bewohner von Fiddler's Green noch Pferde gehalten hatten. Später an jenem Abend hatte der Geistliche der episkopalischen Kirche von Greenwood, ein Freund der Familie, vorbeigeschaut, und als er aus seinem Wagen gestiegen war, war ich auf ihn zugerannt und hatte geschrien: «Guck mal! Guck mal!», und er hatte den Kopf gesenkt und in die Papiertüte mit dem zusammengerollten Schlangenkörper gespäht, und während er hineinschaute, hatte sich mein Stolz in Scham verwandelt.

Sollte ich den verletzten Vogel umbringen? Hier bestand die Möglichkeit, meinen Fehler wieder gutzumachen, aus humanen Gründen zu töten, aus der gleichen Gesinnung heraus, aus der es etwa ein Farmer tun würde, nicht sinnlos, sondern aus Mitgefühl. Es war eine Gelegenheit, mich in den Augen meiner Mutter als Mann zu erweisen. Sie gab mir die Erlaubnis, das Gewehr aus dem Schrank im ersten Stock zu holen. Ich vergewisserte mich, dass es geladen war, ging dann die Treppe wieder hinunter, durch die Küche, vorbei an der riesigen alten Southern-Coop-Gefriertruhe auf der hinteren Veranda und in den Garten, wo ich vermutlich den Vogel erschoss. Ich erinnere mich nicht daran. Vielleicht wartete ich im Dunkeln darauf, dass er von allein starb.

Vielleicht holte ich nicht einmal das Gewehr. Vielleicht fanden meine Mutter und ich einen Pappkarton und machten dem Vogel mit einem zusammengefalteten Handtuch als Polster ein Bett, ein Bett wie die, die wir für unsere Katzen machten, wenn sie Junge warfen. Trugen meine Mutter und ich den Vogel in das Haus voller Katzen und Kätzchen? Vielleicht war der Vogel auch verschwunden, als ich zu der Stelle zurückkehrte, wo er auf dem Boden gelegen hatte. War er fortgehumpelt, um zu sterben? Ich erinnere mich an das Gesicht meiner Mutter. Sie sah mich an, als verstünde sie, dass ich etwas zu verstehen versuchte. Sie war bereit, mich den Vogel töten zu sehen. Aber tat ich es auch? Und wenn ich es tat, stand sie dann neben mir, als ich den Abzug drückte?

1970 verließ mein Vater die University of Virginia, um eine Stelle in Miami anzutreten. Wir packten zusammen und gingen wieder nach Florida. Ich war zwölf und ging auf die dreizehn zu, Terry war elf und ging auf die zwölf zu, und der Wechsel vom alten Virginia in das neue Miami war für uns beide selbst in unserem Alter – gerade in unserem Alter – eine Verunsicherung. Was war dieser flache, heiße, zubetonierte Ort, der bei unserer Ankunft Anfang der Siebziger auf mich so wirkte, als bestünde er ausschließlich aus einstöckigen Häusern, überfüllten Autobahnen und Einkaufszentren?

In Miami waren alle unsere Häuser verschieden und doch gleich. Zwei hatten einen Swimming-Pool. Eines war wegen einer nahe gelegenen Straße laut, ein anderes war von Bäumen und Büschen umgeben – das war das

Haus im Bauhaus-Stil –, und wieder ein anderes hatte eine Decke wie eine Kathedrale. Die beiden Letzteren lagen nebeneinander, die Grundstücke waren durch einen Pfad miteinander verbunden, der zwischen den Dornensträuchern und Kletterpflanzen hindurchführte. Als der Mietvertrag für das Haus im Bauhaus-Stil auslief, sortierten wir Töpfe und Pfannen, rollten die Teppiche auf, falteten die Wäsche zusammen und verpackten die Stoffe und Nähmaschinen meiner Mutter und die Bücher meines Vaters in Kartons. Wie vier Flüchtlinge, die sich unter Ästen hindurchduckten und über Wurzeln traten, trugen wir das Ganze, pro Gang einen Arm voll, vom alten Haus in das neue.

Doch was war nun mit dem Mann mit der Waffe? Er setzte sich in das Wohnzimmer in Charlottesville, legte den im Holster steckenden Revolver auf den Couchtisch, um den er und meine Eltern saßen, und begann mit ruhiger Stimme zu sprechen. Er war ein gut aussehender Mann, das weiß ich noch, als Dozent beliebt und in der englischen Abteilung so etwas wie eine Macht. Seine Stimme war tief. Er war gekommen, um meine Mutter und meinen Vater zu beruhigen. Der Revolver, sollte ich wohl sagen, war dazu da, sie zu beruhigen. Der Mann wusste ebenso wenig wie meine Eltern, dass ich von dem dunklen Flur am oberen Ende der Treppe aus zusah.

Meine Schwester sah mit mir zu. Oder nicht? Wir kauerten zusammen auf dem Treppenabsatz. Und folgte sie mir die Treppe hinunter, durch den Eingangsflur und die offene Tür ins Wohnzimmer? Ich erinnere mich, wie der Mann zu meinen Eltern sagte, dass sie einander vernichten könnten; doch wenn sie das vorhätten, könnte ebenso gut einer von ihnen den Revolver nehmen – er lag deutlich sichtbar auf dem Tisch, neben ihren Drinks – und den Kampf auf den Tod zu Ende bringen. Ich kam in meinem blauen Schlafanzug die Treppe herunter und stand bei den Erwachsenen. In meiner Erinnerung an jene Nacht kann ich noch immer ihre Stimme und die meines Vaters hören; ich höre sie zusammen sprechen:

«Don, geh wieder ins Bett. Du müsstest längst schlafen. Alles ist in Ordnung. Geh schnell ins Bett, Don. Na lauf.»

Bekam ich einen Gutenachtkuss? Ich zog mich in mein Zimmer zurück, wo ich zitternd wachlag. Würde sie ihn umbringen? Würde er sie umbringen? Wenn es dazu kam, nachdem der Mann mit dem Revolver nach Hause gegangen war, wie würde es dann passieren? Mit einem Messer aus einer Küchenschublade? Wo würde es stattfinden? In der Küche? In ihrem Schlafzimmer? Wäre alles voll Blut? Würde man Schreie hören, auf die Stille folgte? Und würde man die Stille als Erleichterung empfinden? Würde sie wegen Mordes ins Gefängnis kommen? Würde er wegen Mordes ins Gefängnis kommen? Konnte man mich vor Gericht als Zeugen aufrufen? Was würde ich aussagen? Wer wäre schuldig? Wer unschuldig? Würden meine Schwester und ich die gleiche Geschichte erzählen? Was für eine Geschichte würden wir erzählen? Würde ich die Wahrheit sagen? Wie könnte die

Wahrheit aussehen? Würde ich den Unterschied zwischen Recht und Unrecht kennen? Würde jemand kommen und meine Mutter mitnehmen? Würde jemand meinen Vater mitnehmen? Würden meine Schwester und ich Waisen werden? Würden wir dann für alle Zeiten allein sein?

1981, in dem Jahr, als ich vom College abging und nach New York zog, zwölf Jahre nachdem der Kollege meines Vaters mit einem Revolver zu uns nach Hause gekommen war, wurde meine Mutter ins Mercy Hospital in South Miami eingeliefert. Sie sei, wie mein Vater mir sagte, wegen alkoholbedingter Hepatitis aufgenommen worden. Man behielt sie ein paar Tage, nicht viele, im Mercy, bis man sie für hinreichend entgiftet, hydratisiert, ausgeruht und ernährt hielt, dann entließ man sie. Kurz darauf musste mein Vater sie erneut ins Krankenhaus fahren, der Vorgang wiederholte sich, und einige Zeit später musste sie wieder hin. Dann, ziemlich abrupt – oder keineswegs abrupt, wenn man bedenkt, wie viele Jahrzehnte verstrichen waren –, war die Ehe meiner Eltern endgültig vorbei.

In den folgenden zwei Jahren würde meine Mutter entweder trocken werden oder sterben müssen. Das waren die Jahre, in denen ihr Vater, damals Mitte siebzig, und ich, Anfang zwanzig, unsere Erwachsenenfreundschaft schufen. Es war eine jener Freundschaften, die sich in zerrütteten, unglücklichen Familien zuweilen zwischen Angehörigen nicht aufeinander folgender Generationen ergeben können.

Ich war ein Teenager, als mein Großvater – er war damals Direktor einer Junior High School in Sarasota, Florida – sich zur Ruhe setzte. Er und meine Großmutter verkauften ihr großes, im spanischen Stil gehaltenes Haus in der Wisteria Street und bezogen eine beengte, wenig anziehende Eigentumswohnung, die sie hassten. Danach erlaubten es ihnen die Umstände, regelmäßig Fahrten in die westlichen Smoky Mountains, in die Gegend um Asheville, North Carolina, zu unternehmen – ein kleines Stück östlich von dem Weltteil, aus dem sie ursprünglich stammten –, und 1977, in dem Sommer, in dem ich vom Internat abging, gaben sie den Ruhestand auf und kauften einen heruntergekommenen Bungalow in Black Mountain, den sie instand setzen wollten, um dann irgendwann dort einzuziehen. Ob ich nicht Lust hätte, den Sommer vor dem College zu ihnen zu kommen und an dem alten Haus mitzuarbeiten? Ja, ich würde schrecklich gern nach North Carolina kommen und an dem Haus mitarbeiten.

Doch kaum in Black Mountain angekommen, neigte ich dazu, meine Großeltern ihrer gewissenhaften und methodischen, vornübergebeugten presbyterianischen Plackerei zu überlassen; jeden Tag floh ich das Haus und fuhr ziellos über Bergstraßen, die an ärmlichen Farmen und noch ärmlicheren Kirchen vorbeiführten. Ich hatte keinen Begriff von Arbeit. Was stimmte nicht mit mir? Wann würde mein Leben anfangen? Wenn ich auf jene Zeit zurückblicke, habe ich den Eindruck, als hätte ich damals so etwas wie eine sprunghafte, sanfte Revolte inszeniert – nur gegen was? Anhedonie? Langeweile? Meine Familie? Oder war es ein Protest gegen den Südstaaten-Protestantismus im Allgemeinen, den ich mit Verboten und Tabus der unterschiedlichsten Form assoziierte, wie sie sich, so erschien es mir damals, bei sämtlichen Menschen, die ich kannte, in einem Hang zur Selbstzerstörung oder zur Arbeitswut äußerten. Aber Proteste gegen die Verweigerung von Freude bringen noch keine Freude. In der Gemütsverfassung eines Menschen, der nirgendwo anders hinkann, drehte ich um und kehrte zu dem Haus in der Third Street zurück, griff nach Stahlwolle oder einem Lappen und suchte mir etwas zum Schrubben.

Es kam der Tag, an dem wir uns an die Fenster machten. Sie waren so gestrichen worden, dass sie sich nicht mehr öffnen ließen, und außerdem schwer verzogen. Sie auszutauschen kam überhaupt nicht infrage; sie mussten ausgebaut, die Scheiben mussten mit einer Rasierklinge saubergeschabt und die Rahmen mit feinem Schleifpapier abgeschmirgelt oder – wenn sie zu kaputt waren – auseinander genommen und neu zusammengebaut werden. Es war eine Heidenarbeit, und er nahm sie sehenden Auges auf sich. Ich erinnere mich an herausgezogene Schiebeflügel, regelrechte Löcher im Haus. In den Hohlkehlen lagen Staub, Dreck, winzige Tierskelette, die verrosteten Rollen und alten Gegengewichte, mit Bleischrot gefüllte, oben zugebundene Leinensäckchen, die Seilzüge gerissen. Ich erinnere mich noch, wie die Altmännerhände meines Großvaters an dem Holz herumbosselten, wie er, einem Blinden beim Lesen gleich, zart über alle Oberflächen strich; es war eine langwierige Arbeit, und er schien entschlossen, sie noch langwieriger zu gestalten, als wäre jegliche Arbeit gleich bedeutend mit einem Akt von Halsstarrigkeit. Der Stil meiner Großmutter dagegen war ganz Forschheit und Hast – sie attackierte ihre Aufgaben. Und ich blieb faul und sarkastisch; ständig knallte das Fliegengitter hinter mir zu. Trotzdem fand ich die Geduld meines Großvaters, die Sorgfalt, die er bei diesem kaputten Haus walten ließ, anziehend. Es war nicht so, dass ich plötzlich den Wert einer ordentlich erledigten Arbeit begriffen hätte. Ganz und gar nicht. Vielmehr war es so, dass ich einen Moment lang – einen romantischen Moment, der im Lauf der Jahre nachklingen und an Bedeutung zunehmen sollte – hoffte (und dies mag eine Phantasievorstellung gewesen sein, die ich von dem Mann haben wollte), dass mein Großvater etwas an mich weitergeben, mich etwas lehren konnte. Und ich stellte mir vor (weil es mir gar nicht in den Sinn kam, ihn zu fragen), dass das, was er mich lehren konnte, die der Arbeit innewohnende Schönheit betraf, die für andere unsichtbar ist, einer Arbeit, die überflüssig erscheint, es aber nicht ist, und die außer dem Arbeiter niemand wahrnimmt oder auch nur unbedingt zu schätzen weiß. Als die Fenster wieder eingebaut wurden, ließen sie sich mühelos auf- und zuschieben.

Fünfzehn Jahre später, als mein Großvater auf die neunzig zuging, in der Zeit, unmittelbar bevor er Herzanfälle zu bekommen begann, und lange nachdem die vielen Krankenhausaufenthalte meiner Mutter uns zusammengebracht hatten, unternahmen wir zusammen Autofahrten auf den Straßen, die über die Berge führten, aufs Geratewohl unternommene, ganztägige Ausflüge, die meine Großmutter erbosten, da sie um seine Gesundheit fürchtete. In Tälern oder Senken pflegten wir am Straßenrand zu halten, und mein Großvater stieg aus, öffnete den Reißverschluss seiner Hose und urinierte; sein häufiger Harndrang wurde von seinen Herztabletten hervorgerufen. Stets fuhr er. Ich hatte den Verdacht, dass im Ersatzreifenfach im Kofferraum Bourbon verstaut war – sein mit Schuldgefühlen verbundenes, aufregendes Geheimnis. Irgendwo unterwegs, meistens weit von zu Hause weg, hinter Hendersonville, sagte er dann etwa: «Habe ich dir schon mal den neuen Abschnitt des Blue Ridge Parkway gezeigt, der um den Grandfather Mountain herumführt, ohne den Hang zu berühren?» Oder: «Das Haus von Carl Sandburg hast du nie gesehen, stimmt's, Don?»

«Nein, habe ich nicht», sagte ich dann, worauf er wendete und wir unserem neuen Ziel entgegenfuhren.

Heute kann ich mich nicht an diese Ausflüge erinnern, ohne an die frühen Achtziger zurückzudenken, als er und ich uns abwechselnd um meine Mutter kümmerten. Ich weiß nicht, kann nicht sagen, wie viele Klinikaufenthalte – vier? fünf? – sie auf ihrem Weg zur Trockenheit durchmachte oder wie oft sie eine Woche oder einen Monat lang mit Trinken aufhörte, an einer

Reihe von Treffen der Anonymen Alkoholiker teilnahm, die in verqualmten Räumen stattfanden, um dann hinauszugehen und nach einem Glas zu greifen. In diesen Jahren wurden mein Großvater und ich Experten darin, aus ihrer Stimme am Telefon die speziellen Klangfärbungen herauszuhören – eine leichte Hebung am Ende eines geflüsterten Satzes, wie bei einer von einem Kind geäußerten Bitte, oder ein kaum hörbares Seufzen –, die uns verrieten, dass sie fix und fertig und ohne Hoffnung war.

«Deine Großmutter und ich finden, wir sollten nach Miami runterfahren und einige Zeit bei deiner Mutter verbringen», sagte er dann etwa bei einem unserer Gespräche zu mir.

Oder ich sagte, wenn meine Großeltern erst kürzlich Dienst getan hatten: «Mom wird Ende des Monats aus dem Krankenhaus entlassen. Eigentlich sollte ich runterfliegen, sie abholen und nach Hause bringen.»

Oder mein Großvater sagte: «Don, deine Mutter kommt für eine Woche nach North Carolina. Sie braucht Ruhe.»

Wenn meine Mutter auf dem Weg nach Black Mountain war, fuhr ich auch oft in Richtung Süden, sodass wir vier – drei Generationen – für kurze Zeit als Familie zusammenkamen.

Wäre es falsch, diese Zeiten in glücklicher Erinnerung zu behalten? Ist es verkehrt, sich vorzustellen, zu glauben, dass sich meine Mutter, während sie nahe am Tod darum kämpfte zu leben, um uns kümmerte?

Von allen Geschichten aus dieser Zeit im Leben meiner Mutter – der Zeit, in der ich mich in ständiger Rufbereitschaft befand, ständig auf gute oder schlechte Nachrichten aus Florida oder North Carolina wartete – ragt eine heraus. Es ist die Geschichte ihres am knappsten danebengegangenen Versuchs, sich zu Tode zu trinken.

Im Frühjahr 1983 hatte sie eine einmonatige Entgiftung im South Miami Hospital in Coral Gables hinter sich gebracht. Die Patienten auf der Station waren unterschiedlich. Einer war ein abgezehrter Mann mit langem Bart. Er hatte sein Leben in den Everglades damit verbracht, Whiskey zu trinken. Ein anderer, ein Kubaner mit einem gewaltigen Bauch, hatte als Gepäcktransporteur am Flughafen gearbeitet und jeden Tag auf der Arbeit, während er Koffer von Transportbändern und motorisierten Gepäckwagen auf- und ablud, zwei bis drei Kästen Bier getrunken. Ich weiß noch, wie meine Mutter mir erzählte, dass er eine Frau und ein kleines Kind hatte. Dann war da noch ein junger blonder Typ, der als Kokain-Dealer ein Vermögen gemacht und verloren hatte; bei seiner Aufnahme in die Klinik hatte er Tausende von Dollars in den Taschen gehabt. Und ich erinnere mich an einen Luftfahrttechniker, der sich auf den Florida Keys zur Ruhe gesetzt hatte. Laut meiner Mutter stürzte er später mit einem selbst entworfenen Flugzeug über dem Golf von Mexiko ab.

Doch zurück zur eigentlichen Geschichte. Sie beginnt an einem Samstagabend in New York. Ich war mit Freunden im Madison Pub, einer Bar auf der Upper East Side.

Es war früh, draußen war es noch hell. Wir hatten eine Runde Drinks bestellt – ich hielt mich ausgerechnet an einem Manhattan fest –, und es kam mir in den Sinn, meine Mutter anzurufen und festzustellen, wie es ihr ging. Hinten in der Bar gab es ein Münztelefon. Ich entschuldigte mich, ging nach hinten und wählte ihre Nummer. Es war ein R-Gespräch. Ihr Telefon klingelte ein Dutzend Mal, ehe die Vermittlung sich einmischte und vorschlug, ich solle es später noch einmal versuchen. Ich setzte mich wieder zu meinen Freunden, aber der Spaß war mir vergangen. Irgendwann ging ich nach Hause in meine Wohnung, wo ich sie erneut anrief. Das Telefon klingelte und klingelte. Ich weiß nicht genau, warum ich nicht – was logisch gewesen wäre – annahm, dass sie ausgegangen war. Warum ließ ich das Telefon klingeln? Ich hatte allerdings Recht. Sie nahm ab.

Ich wartete auf ihre Stimme.

«Mom? Bist du da? Mom?»

Nach einem langen Augenblick gab sie ein weinendes Geräusch von sich. Der Hörer klapperte – hatte sie ihn fallen lassen? –, und die Verbindung wurde unterbrochen. Es war kurz nach acht. Ich rief meinen Großvater in Black Mountain an und erklärte ihm, dass ich nach Miami müsse.

«Heute Nacht noch», sagte ich.

Zu dieser Zeit in meinem Leben hätte ich gar keine andere Möglichkeit erwägen können, als zu ihr zu fahren, hätte mir ohne seine Hilfe aber auch kein Flugticket leisten können. Er versprach, mir am La Guardia Airport ein Ticket hinterlegen zu lassen. Ich rief erneut meine Mutter an, und ihr Anrufbeantworter schaltete sich ein. Nach dem Signalton rief ich: «Ich komme, Mom!» Ich warf ein paar Hemden in meinen Koffer, schloss die Wohnung hinter mir ab und rannte die Treppe hinunter, aus dem Haus und auf die Straße, wo ich mit einem Taxi kollidierte. Ich prallte gegen den Kotflügel, während es zum Stehen kam und mit einem Hinterrad beinahe meinen Fuß überrollte. Ich warf mich auf den Rücksitz und bat den Fahrer, mich so schnell wie möglich zum Flughafen zu fahren. Der Fahrer drehte sich um und fragte: «Hey, alles in Ordnung?», und ich keuchte: «Alles bestens, alles bestens.» Ich kurbelte das Fenster herunter und holte in tiefen Zügen Luft. Am Flughafen rannte ich zum Schalter der Fluglinie, mit der mein Großvater immer flog. Das Ticket war schon da. Am Gate stiegen bereits die Passagiere ein. Wir starteten kurz nach zehn, und irgendwann gegen eins landete das Flugzeug in Miami. Ich wartete, bis mein Koffer auf dem Gepäckkreisel erschien, ging dann zum Taxistand, bekam ein Taxi und nannte dem Fahrer die Adresse meiner Mutter. Soweit ich mich heute erinnere, wohnte sie in einer Wohnung, in der ich noch nie gewesen war. Aber stimmt das auch? Bei früheren Reisen hatte ich sie doch in ebender Wohnung besucht, zu der ich nun hinraste. Sind meine Erinnerungen zu einer einzigen Universalerinnerung zusammengeflossen? Das Taxi fuhr Richtung Süden, dann Richtung Westen. Nach einer halben Stunde hielten wir vor einem neu gebauten Doppelhaus, einem von mehreren zweistöckigen Gebäuden in einer Straße mit Nummer in einem nichts sagenden Viertel. Ich bezahlte den Fahrer, schnappte mir mein Gepäck und ging den Gehweg hinauf. Im Haus meiner Mutter brannten die Lichter, und die Eingangstür stand offen. Seltsam. Hatte sie meine Stimme gehört, als ich früher am Abend auf ihren Anrufbeantworter gesprochen hatte? Hatte sie die Tür für mich offen gelassen? Am Eingang standen ein paar leere Weinflaschen. Sie sahen aus, als wären sie für den Milchmann hinausgestellt worden. Auf dem Wohnzimmerboden lagen Flaschen. Auf den Arbeitsflächen in der Küche standen weitere. Ich stand im hell erleuchteten Wohnzimmer und rief: «Mom? Mom?» Es war zwei Uhr morgens, und im Haus roch es fürchterlich. Die Katzenstreu war nicht ausgetauscht worden, und Flora, die weiße Katze meiner Mutter, hatte auf den Teppich geschissen. «Mom?», rief ich, und dann hörte ich oben eine Bewegung, einen Schritt.

Sie stand am oberen Treppenabsatz.

Ich sah ihre Füße. Dann sah ich den Saum ihres Nachthemdes. Sie kam die Treppe herunter, immer eine Stufe auf einmal. Nach und nach wurde sie sichtbar. Sie hielt sich am Geländer fest. Sie stieg bis zur Mitte der Treppe herab, dann wandte sie sich, beide Füße auf einer Stufe und beide Hände ans Geländer geklammert, zur Seite und spähte ins Wohnzimmer.

Sie schaute langsam nach links und nach rechts und auf und ab. «Mom, ich bin's», sagte ich, aber sie schien mich nicht zu hören.

«Mom?»

«Wer?», flüsterte sie.

Während meine Mutter älter wurde, zumal zu der Zeit, als sie krebskrank war, gewöhnte ich mich daran, sie verängstigt, hilflos oder hinfällig zu erleben; zuweilen wirkte sie auf mich wie eine Fremde. In jener Nacht hatte ich das Gefühl, dass sie, noch während sie auf der Treppe stand, dabei war zu sterben. Was sah sie, als sie mich ansah? Sie sah mich nicht. Ich weiß nicht mehr, wie oft ich «Ich bin's, Mom» sagte, ehe sie sich umdrehte und, mit den Armen am Geländer ziehend, die Treppe wieder hinaufging. Es war, als wäre mein Eintreffen Bestandteil ihrer Träume oder als hätte sie ein Geräusch gehört, wäre nach unten gegangen, um nachzusehen, und hätte nichts gefunden. Kurz darauf hörte ich oben ihre Schritte. Ich folgte ihr die Treppe hinauf.

Sie lag zitternd im Bett. Ich zog das Laken und die Bettdecke über sie. Beginnend bei ihren Händen – erst die eine, dann die andere –, erschuf ich aus dem Gedächtnis die Massage neu, die ich als Junge in Tallahassee von ihr bekommen hatte, wenn ich meine Asthmaanfälle gehabt hatte. Sie war in mein Zimmer gekommen und hatte geflüstert: «Ganz ruhig, mein Schatz. Gleich geht es dir wieder gut. Ich bin da.» Und dann hatte sie mir den Rücken massiert, die Arme und die Hände, hatte mir ihre Daumen in die Handteller gedrückt und sich dann über meine Arme bis zu den Schultern hinaufgeknetet. Sie hatte meine Schulterblätter und den Rücken abgeklopft, um die Stauung zu lösen, die meine

Lunge blockierte. Ehe sie aufgehört hatte, hatte sie noch einmal alle Bewegungen in umgekehrter Reihenfolge nachvollzogen und noch einmal meine Hände gehalten. Ich weiß noch, dass ich das Gefühl hatte, sie drückte die Angst geradewegs aus mir hinaus, schöbe meine Not meine Arme hinunter und zu meinen Fingerspitzen hinaus; und ich weiß noch, dass meine Panik sich legte, wenn sie meine Hände hielt, und während die Asthmatabletten zu wirken begannen, konnte ich, auch wenn das Atmen noch mühsam war, die Augen zumachen und einschlafen.

In jener Nacht in Miami waren ihre Hände zu Fäusten geballt – ich musste sie gewaltsam öffnen –, und sie schwitzte. Ihre Haut, ihr ungewaschenes Nachthemd, die klammen Laken auf dem Bett, das Zimmer selbst rochen nach Alkohol und Nikotin. Ich rieb ihr Nacken und Schultern, drückte ganz leicht meine Handballen gegen ihren Rücken. Später in der Nacht wurde ihr bewusst, wer ich war, und sie sagte mir mit ein paar ruhigen Worten, dass sie halluziniert habe. Drachen und andere Ungeheuer seien aus den Ecken ihres Schlafzimmers auf sie zugeflogen. Ich weiß noch, wie ich mich umblickte, mir ihre Erscheinungen vorzustellen versuchte. Wie wäre es, schwarze Schlangen hinter einem Sessel oder einer Kommode hervorkriechen zu sehen? Ich saß neben ihr auf dem Bett und flüsterte ihr zu, ich würde nicht zulassen, dass die Ungeheuer ihr etwas taten.

Irgendwann nach vier schlief sie ein. Ich stand auf, machte das Licht aus und schloss die Schlafzimmertür hinter mir. Nein, ich muss sie einen Spalt weit offen gelassen haben, bloß für alle Fälle. Ich ging nach unten und spülte das Geschirr, das sie in der Spüle und auf den Arbeitsflächen hatte stehen lassen. Ich wechselte die Katzenstreu und gab neues Futter und frisches Wasser in die Näpfe auf dem Küchenboden. Ich sammelte die Flaschen ein und warf sie in den Müll. Es waren über zwanzig. Sie hatte sie sich liefern lassen.

Ich blieb eine Woche. Sie verbrachte den größten Teil davon im Bett. Ich ging in einen Laden und kaufte Lebensmittel. Sie saß gegen die Kissen gelehnt, und ich fütterte sie mit Suppe, weich gekochten Eiern, Dosenerbsen und Dosenmais. Sie weigerte sich, ins Krankenhaus oder zum Arzt zu gehen. Stattdessen stieg sie, als sie gegen Ende meines Aufenthalts so viele Kräfte gesammelt hatte, dass sie dazu imstande war, in ihren Wagen und begab sich wieder zu den Anonymen Alkoholikern.

In den zwanzig Jahren, die seither vergangen sind, habe ich oft in Begriffen von Krankheit und Symptomatik an meine Mutter gedacht. Seit ihrer Kindheit in Tennessee hatte Krankheit ihr Leben gekennzeichnet. Krankheit definierte ihre Beziehung zu ihrer Mutter, die sie nur um ein Jahr überlebte, und leider definierte Krankheit auch ihre Beziehung zu mir. Dass sie während meiner gesamten Kindheit krank war, nächtliches Opfer einer furchtbaren Jekyll-und-Hyde-Verwandlung, lernte ich als gegeben hinzunehmen, selbst wenn ihre eindrucksvollsten Symptome, die in den Augen ihrer Familie erwartbar, ja geradezu zur Regel geworden waren, im stürmischen Einerlei ihres und unseres Alltagslebens fast zu verschwinden schienen.

In den letzten Jahren ist mir aufgefallen, dass hinterbliebene Kinder ihre Mütter und Väter zuweilen neu bewerten: Diese können im Tod tapferer, stärker und gütiger erscheinen als im Leben. Und vielleicht stimmt es ja, dass wir, ihre Kinder, während die Zeit vergeht und wir ihr Hinscheiden betrauern, weiterhin hoffen, dass wir unsere Eltern – und sie uns – eines Tages wirklich kennen werden.

Gegen Ende ihres Lebens verlor ich die Kraft, die Fähigkeit, den Mut, mit meiner Mutter zusammen zu sein. Eine Zeit lang nannte ich sie in Gedanken und in Gesprächen mit anderen nicht meine Mutter, sondern Louanne. Ihre Eltern hatten sie manchmal bei diesem Namen gerufen, aber mein Vater und der Freundeskreis meiner Eltern kannten sie immer nur schlicht als Lou. Indem ich sie zu Louanne machte, gaukelte ich mir in meinem Blick auf sie eine Objektivität vor, die ich nicht besaß und niemals besitzen werde, und indem ich das tat, gaukelte ich mir vor, dass ihr Verlust nicht schmerzen und dass ich in Ermangelung von Leid als freier Mann daraus hervorgehen würde.

Eine Woche nachdem ich nachts nach Miami geflogen war, um sie im Delirium tremens die Treppe ihrer Doppelhaushälfte herunterkommen zu sehen, ging ich in ihr Arbeitszimmer, wo sie Nähutensilien, Aktenordner mit Papieren, die sich in ihren Jahren als Dozentin angesammelt hatten, und ihre Schreibmaschine aufbewahrte. In einer Stunde würde sie mich zum Flughafen fahren, und ich würde nach New York zurückkehren. Ich setzte mich an die Schreibmaschine und schrieb ihr einen Brief. Er war kurz. Ich schrieb ihr, dass ich sie liebte, dass auch andere sie liebten und dass wir, die sie liebten, wollten, dass sie am Leben blieb. Dass ich hoffte, dass sie es schaffte. Ich ließ das Blatt eingespannt. Viele Jahre später erzählte sie mir, sie habe es an einen sicheren Platz getan und aufbewahrt. Sie trank nie wieder.

Seit ihrem Tod sind fünf Jahre vergangen. Ich weiß nicht recht, ob ich heute sagen kann, was ihr Vorname für mich bedeutet. Sie war meine Mutter. Ihre Asche muss noch verstreut werden. Bis auf den heutigen Tag befindet sie sich in einer Schachtel in einem Schrank im Haus meiner Schwester. Vielleicht wird Terry bald damit nach Charlotte, North Carolina, fliegen, wo ich mich am Flughafen mit ihr treffen werde. Wir werden uns am Schalter der Autovermietung treffen, uns einen Wagen besorgen, die Asche unserer Mutter auf dem Rücksitz und unsere Koffer im Kofferraum verstauen und zum Barbecue zum Bridges in Shelby fahren, dann Richtung Westen auf die Smoky Mountains zuhalten. Wir werden an Chimney Rock vorbeifahren, um den Lake Lure herum, bergauf an Old Fort vorbei und hinunter nach Black Mountain, wo wir ein, zwei Nächte im Monte Vista bleiben werden, dem Hotel, das unsere Basis war, als unsere Mutter im Sterben lag. Ich würde gern noch einmal auf der Veranda des Monte Vista sitzen und auf die Berge schauen, die bei den Einheimischen Seven Sisters heißen, ehe ich aufstehe und wir weiterfahren, auf Highways, die gesäumt sind von Kudzu und Mais, von Tankstellen und Pecannussmärkten, Pferdefarmen und Bewässerungskanälen, Bürohaussiedlungen und Seebadeorten, geradewegs durch South Carolina, Georgia und Florida, bis hin zu den Keys, nach Islamorada, wo es auf der atlantischen Seite der Insel ein Strandhotel gibt, das meine Mutter geliebt hat. Ich hoffe, ich komme dorthin, und dann nehme ich die Asche aus dem Wagen und gehe, meine Schwester neben mir, damit zum Wasser.